한국불교의
새벽을 여는 도량

기원학사

역사 탐문기

KB191803

동쪽나라

다시 그려보는 자화상

역사는 특정의 의도에 의해서 조립되는 허구가 아니다. 엄연히 실재(實在)했던 사람들의 공간과 시간에 대한 해석이자 그 사람들이 살아온 삶의 궤적이다. 그러므로 크고 작은 모든 역사에서는 그 현장의 주인공이었던 사람들의 의지와 체취, 그리고 그것들이 스며들고 번져 있는 삶의 진실들을 느끼고 확인할 수 있다. 그런 의미에서 동국대학교 불교학과 기원학사(祇園學舍)에 대한 선후배 동문법우들의 언제나 되살아나는 관심도 당연하고 마땅한 일이다. 기원학사의 역사는 곧 그 도량을 거쳐나간 많은 사람들이 기억하고 있는 젊은 시절의 흔적이며, 현재로 이어져 오는 소중한 통로임을 저마다 깨닫고 있기 때문이다.

그 간절함을 모아 이제 기원학사의 역사 확인과 정리를 위한 탐문(探聞)의 기록을 남기고자 한다. 이 기록은 영세한 참고 문헌과 동문법우들의 희미한 기억에 의지하여 마치 퍼즐 맞추듯 엮어본 것이다. 따라서 큰 결실을 말하기는 어렵지만, 기원학사의 역사에 대한 인식을 환기하는 작업을 처음 시도하였다는 점에 그 의미를 둘 수도 있겠다.

이 작업은 뜻하지 않은 기회에 자원해서 시작한 만큼, 그 계기에 대한 설명은 있어야 할 것 같다. 그 발단은 2020년 9월 '기원학사법우회'에서 전체 동문법우에게 보낸 한 통의 통신문이었다. 기원학사 법우들의 글을 모아 에세이집을 간행하고자 한다는 법우회의 원고 청탁이 그것이다. 법우회 일원으로서 그동안 소극적이었던 입장이다 보니, 무엇으로든 좀 더 활력을 불어넣고자 애쓰는 선후배 법우들의 수고가 저절로 짚여져 왔다. 감사하는 마음이 벅차올라 가장 먼저 원고를 보내리라 작심하고 당장 글쓰기에 나섰다.

그러나 글을 시작한 첫 대목 쯤, 기원학사의 내력을 간략하게라도 먼저 언급해야 할 부분에서부터 그만 벽에 부딪치고 말았다. 우중충하던 '서울 중구 초동 107번지'의 기원학사, 피난민들과 판잣집 동네에 우뚝하던 '일본 절'의 모습 등 몇 가지 익숙한 인상과 기억 외에는 도대체 역사로서 기원학사를 기술할 만한 내용이 없었다. 이에 더하여 기원학사에 관한 어떤 자료의 유무마저 거의 아는 바가 없는 막막한 처지였다.

기원학사는 그곳에서 한 시절을 지낸 누구에게든 언제나 마음속 고향 같은 곳이다. 돌이켜 생각하면 대부분의 젊음들이 힘겹고 가난했던 시절, 기원학사는 모두에게 참으로 은혜로운 언덕이며 자비의 도량이었다. 그런 기원학사에서 혈기 가득한 젊은 날 마음 편하게 공부하고 미래의 꿈을 키워온 인연이 깊고 넓으니, 오늘날 각자 어떤 삶을 살고 있든 늘 감사한 마음을 내려놓지는 않았으리라. 그러나 우리가 정작 고향집 같은 기원학사의 내력이나 역사에 관해 크게 관심을 기울여본 적은 없는 것 같다. 우선 나 자신부터가 그러했으니, 고향을 중하게 여길 줄 모르고 무심하게 지내왔음에 새삼 가슴 저리지 않을 수 없었다.

그나마 윗세대 선배동문들이라면 기원학사의 연원(淵源)과 역사를 웬만큼은 말해줄 수 있을 것으로 믿었다. 하지만 난감해하기는 만나는 선배동문들도 별반 다르지 않았다. 기원학사에 애정과 열성이 가득한 분들도 의외로 자료의 확보라고 할 만한 것은 없었고, 명료한 기억의 구성도 여의치 않았다. 그렇다면 이제 이 일을 어떻게 해야 할 것인가.

일을 한번 벌여볼 것인가, 대강 얼버무리고 쉽게 넘어갈 것인가, 빤한 이 두 갈래 길을 놓고 고심하는 가운데 문득 한 생각이 빠르게 머릿속을 스쳐 지나갔다. '시절인연(時節因緣)이다. 좋은 기회에 네가 한번 해 봐!' 그것은 마치 뿌리치기 어려운 유혹과도 같았다. 앞도 뒤도 없이, 이 한 생각에 이끌려 스스로 결심하고 나선 것이 이 「한국불교의 새벽을 여는 도량－기원학사 역사탐문기」를 엮는 일이었다. 그때부터 내게는 에세이 한 편 쓰는 것이 문제가 아니었다. 이제 어떻게든 기원학사의 역사부터 구성해내야만 했다.

이 같은 한 생각의 움직임에 따라 당장 참고할 만한 문헌을 찾고, 관련된 기록과 자료의 수집에 나섰다. 그러나 그것은 뜻밖에 또 다른 큰 벽이었다. 단행본은 물론 알맞은 참고 자료 하나, 또는 어딘가에는 있을 법한 기원학사의 알맞은 사진 한 장도 쉽게 찾을 수가 없었다. 무엇보다도 기원학사법우회에 간략하게라도 정리된 기원학사 연혁 하나가 없다는 사실이 모든 상황을 잘 말해주고 있었다. 그런 가운데서도 일단 살펴보아야 할 문헌으로 그동안 간행해 온 동국대학교의 '교사(校史)'들이 있음은 당연하지만 다행한 일이었다. 『동대 60년지』(1966.5 필경본) 『동대 70년사』(1976.5) 『사진으로 본 동국대학교 80년』

(1986.12)『동국대학교 90년지 Ⅰ·Ⅱ』(1998.5)『동국대학교 백년사 1~4』
(2007.2)의 5종 교사가 그것이다.

이들 교사에 실린 기원학사 관련 기록은 대부분 단편적인 사실들
에 불과하며, 다만 교사들의 모본(母本)에 해당할『동대 70년사』가 그
나마 비교적 자세한 편이다. 그러나 이 책 역시 역사로서 중시할 수
있는 부분이 생략되어 있고 실제와는 다른 기술 등도 눈에 띄었다. 한
편, 교사 외에는 뜻밖에 서울 중구청 자료「서본원사－중구역사문화
자원」이 유용했다. 얼마 되지 않는 짧은 기록 안에 불분명한 내용과
오류가 섞여 있음에도 초동의 기원학사가 잘 정리되어 있는 편이었다.
그밖에 월간『법륜』『(신)불교』등 불교계 잡지에 실린 몇몇 기사들도
중요한 참고가 되었다.

충분할 수가 없지만, 우선 이렇게 수집한 참고 문헌과 자료들을
대강 파악하였다. 그런 다음, 기원학사의 최고 원로법우이신 김영태
(59년 졸업·동국대 명예교수) 동문을 찾아뵈었다. 광복 이후 동국대 불
교학과에서 의욕적으로 불교학을 탐구하고, 특히 한국불교사 분야에
서 독보적인 연구 업적을 쌓아온 그는 오래 미령(靡寧) 중이심에도,
기원학사 역사 구성과 관련하여 몇 가지 중요한 사실들을 자상하게
일러주었다.

그 내용은 대략, ① 기원학사는 초동에 앞서 장충동 박문사에서부
터 시작하였다 ② 학생들의 자체 의논과 결의로 기숙사 명칭을 기원학
사로 정하였다 ③ 혜화전문－동국대학 시기의 불교과 활동과 당시 학
생들의 동향 등이었다. 이 같은 증언으로 인해 막연하던 이 작업의 중
요한 첫 물꼬가 트이게 되었다.

이런 과정을 거치며 작업이 다소 구체화해갔지만, 그러나 기원학

사 역사 전반의 내용을 구성하는 일은 간단하지가 않았다. 무엇보다도 각 단계마다 의미 있게 참고할 만한 실증적인 자료의 영세함 때문이었다. 그런 가운데서도 현전하는 자료와 증언을 바탕으로 일단 기원학사의 시대 전반은 다음의 4단계로 구분하였다.

곧 ① 태동기-장충동 시대 ② 정착기-초동 시대 ③ 안정기-안암동 시대 ④ 침체기-안암동 이후의 시대가 그것이다. 이 같은 구분에 따라 기원학사의 위상과 시기별로 독특하게 형성된 활동상을 반영하여 기술하고자 한 것이다.

그러나 이 4단계 구분에서 문제가 되는 것은 ④의 시대이다. 기원학사 70여 년 역사에서 최근 23년에 해당하는 이 시대의 성격을 분명하게 규명해서 말하기 어렵기 때문이다. 요컨대 이 시대에 대한 기원학사 역사로서의 인정 여부 등에 관해서는 추후 법우회 차원의 공식적인 별도 논의가 있어야 할 것임을 제기해 둔다. 따라서 이 시대에 관한 기술은 그 개요 정도를 언급하는데서 일단 그칠 수밖에 없었다.

이렇게 가까스로 연혁의 대강을 정리하고 보니, 그 탐문 과정에서 확보된 많은 이야기들이 쌓였다. 기원학사의 역사와 전통을 살펴보는 작업을 사안 중심의 연대기로 끝내기는 너무도 아쉬웠다. 지나쳐온 수많은 세월 속에 새겨진 다양한 인물들의 면모와 활동상들 역시 값진 자산으로 자리 잡고 있었다. 이 부분도 놓칠 수 없는 탐문기의 몫이 되어야 한다고 생각하였다.

탐문 과정에서 수습된 여러 자료들을 공유하는 것이 동문법우들에게 의미 있는 일이 되리라 믿는다. 각 시대별로 특정되는 분위기와 삽화들에는 일관되게 기원학사의 맥락이 스며있기 때문이다. 그것은 불교종립대학 동국대학교 불교학과 학생으로서, 기원학사라는 학문과 신행의 도량에서 공동체 생활을 하는 과정을 통해 형성된 자긍심과 자존감의 자취들이었다. 또한 이는 열렬하고 진지했던 불심청년들이, 그 이후 어떻게 자기완성과 사회적 성취를 이루고 있는지의 현주소를 확인하는 계기가 되기도 했다.

그것들은 오랜 세월의 흐름 속에서 변함없는 열정의 불꽃들로 피어올랐으며, 사라져버려도 상관없는 한때의 흔적이 아니라 그 시절부터 일생을 통해 오롯이 청정불심을 머금고 피어나는 연꽃들이었다. 이런 우리들의 자랑스러운 자화상이, 어쩔 수 없이 희미해지고 일그러져 가고 있는 현재의 모습으로 방치할 수는 없는 일이다. 다시 냉엄한 자성의 자세로 자화상을 복원하는 작업은 즐거웠다.

많은 동문법우들의 삶은 한결같이 두루 챙겨볼 만한 의미를 지니고 있었다. 그러나 이번 작업에서 그 전모를 다 엮어내기에는 역부족인 바가 있다. 다음 적절한 기회에 좀 더 엄중하고 정밀한 노력으로 진행할 과제로 남겨둔다. 여기에서는 여러 법우들의 기억과 추천을 통해 확보된 자료의 일부분을 시대의 갈피에서 추려낸 일지(日誌)로 재구성하여 보태고, 도무지 그냥 스쳐버리기는 아쉬운 몇몇 동문법우들의 행적과 성과를 '법우들의 용맹정진'과 '끝없이 이어지는 보살의 원행(願行)'으로 정리해두기로 한다.

차 례

기원학사 연혁 개관

초동 기원학사

1

태동기 - 장충동 시대

(1946.5 ~ 1950.6)

(1) 교사(校史)로 본 기원학사의 단초

동국대학교의 역사에서 가장 먼저 기숙사에 대한 언급이 보이는 것은 일찍이 명진학교(明進學校)에서부터이다. 명진학교는 1906년 동대문 밖의 원흥사(元興寺)에서 개교한 동국대학교 최초의 전신이다.

1899년에 창건한 원흥사는 국내 수사찰(首寺刹) 즉 조선불교총무원으로서, 근대불교의 발상지이자 새불교운동의 도량 역할을 다하였다. 이런 원흥사에 명진학교를 세운 것과 관련하여 『동국대학교 백년사』에서는 "교실과 강당은 물론 장서당(藏書堂)과 기숙사·운동장까지, 당시로서는 손색없는 교육 시설을 갖추고 있었다"고 설명하고 있다. 그만큼 규모가 큰 사찰이어서 지방에서 올라온 유학승들을 위한 기숙시설 마련이 특별한 일은 아니었을 것이다.

기숙사 제도는 이후 명진학교의 교육·행정 체계를 그대로 이어받는 가운데 부속기관의 하나로서 자리 잡게 된다. 즉 명진학교에서부터 불교고등강숙 · 중앙학림 · 불교전수학교 · 중앙불교전문학교 · 혜화전문학교에 이르기까지 모두가 부속기관으로 '기숙료(寄宿寮)'를 설치 운영한 것이다(『동대 70년사』, 「제3장 학교 기구」 참조). 이렇게 학교 기구 중 부속기관의 하나였던 '기숙료'가 1946년 동국대학 시대부터는 '기숙사'라는 명칭으로 나타난다.

그런데 바로 이 무렵에 기숙사라는 시설 명칭 대신에 학교의 정식 기구로서 '기원학사(祇園學舍)'라는 고유의 명칭이 처음 등장하고 있어 눈길을 끈다. 이 같은 기원학사에 대한 기술로는 여러 교사들 가운데 『동대 70년사』가 비교적 자세하다. 광복 직후부터 서울시 중구 필동과 초동에 이어 성북구 안암동으로 옮겨가는 기원학사의 전체 연혁을 중심으로, 그 주요 경향을 요약 기술해 놓은 것이다. 그 밖의 교사들에 실린 요약 소개나 단편적인 언급에 비해 이 『동대 70년사』의 역사 기술은 그만큼 종합적이고 체계적인 편이다. 그런 뜻에서, 다소 긴 내용이지만 우선 이 부분 전체를 인용해 본다.

불교 종단에서 설립한 최고학부인 본 대학교 불교대학에는 각 사찰에서 온 종비생(宗費生)이 많은 비율을 차지하게 되는 것은 당연한 일이다. 이들 승적을 가진 지방 학생의 서울 체류기간 중 가장 불편을 느끼게 되는 것이 곧 학생들의 생활에 알맞은 숙소 문제였다. 즉 민간 거소를 숙소로 하고서는 조석예불 및 일정한 계율을 준수하며 학업을 계속하기 매우 어려운 까닭이다.

이에 본 대학에서는 해방 후 다시 개교되자, 곧 수목이 울창하고 산수가 수려한 남산 기슭 중구 필동 각심사(覺心寺)에 기원학사를 두어 승려 출신 학생들에게 숙식의 편의를 제공하였던 것이다. 이 남산의 기원학사는 6·25사변으로 소진되고 법당은 걸인들의 집단 거소가 되어 부득이 임시조치로 중구 초동 107번지 소재의 구(舊) 서본원사지(西本願寺址)로 옮기지 않을 수 없었다.

그러나 동국학원이 소유하는 이 구내(構內)는, 서울 수복 후 관리 소홀과 행정의 혼잡을 틈타 피난민과 부랑배 걸인들이 불법 점거했고, 또는 판잣집을 지어 불결하고 소란이 종일 그치지 않아 사생들이 수도하며 학업을 계속하기에는 너무 부적절하였다.

이에 학교 당국은 물론이거니와, 종비 학생에 대하여 비상한 관심을 기울이고 있는 동국학원에서는 그 타개책에 부심하였던 것이다. 이 기숙사 문제를 놓고 재단 측과 학교 당국이 누차 숙의한 결과, 당시의 동국대학교 이사장 김서운 사(師)의 주장에 따라 초동 소재의 토지를 매각하고 새로이 성북구 안암동 소재 개운사 경내를 신축지로 택하여 그 신축을 추진하였다.

초동 기원학사 매각 대금의 일부가 학교 건설 사업에 전용되어 사생 일부에서 다소의 논란이 없었던 것은 아니나, 신축되는 기숙사는 2백명 수용을 목표로 총 건평 970평에 난방장치 등 현대식 시설을 구비하는 호화숙사이며, 연차계획에 따라 1966년 4월 말까지 제1차년 계획을 끝내고 1백여 명을 수용키로 한 이 기숙사 기공식이 1967년 12월 2일 안암동 현장에서 거행되어 차가운 겨울에도 서두는 일손이 쉴새없이 움직였다. (『동대 70년사』, 「제2장 연혁 ② 기숙사의 기공」편 pp.148~149)

위 인용문은 광복 이후 각 시기의 기원학사를 순서대로 언급하고 있지만, 주안점은 안암동 기숙사의 신축 기공에 두고 있는 것으로 보인다. 따라서 기원학사의 출발 시점 및 장소와 기타의 상황 등이 관심사일 경우, 이 자료를 통해서는 각심사라는 절 이름 외에 거의 확인할 만한 내용이 없다.

각심사에 한정하여 인용문에서 얻을 수 있는 정보를 다시 요약하면, '해방 후 남산 기슭 필동에 있던 각심사에 기원학사를 두고 지방에서 온 승려학생들의 숙식 편의를 제공했다. 6·25전쟁 중에 각심사는 소진되어, 서울 수복 후 임시조치로 부득이 초동의 옛 서본원사로 기원학사를 옮겼다. 그러나 사생들의 수도와 학업에 부적합한 환경이어서 1967년 12월 안암동 이전 계획 아래 토지를 매각하고 기숙사 신축에 착수했다'는 내용 정도가 될 것이다.

긴밀한 맥락 없이 기술되어 있는 위의 인용문과 요약에서는 ① 기숙사 출발 시점이 해방 후 언제인가 ② 필동 각심사는 어떤 성격의 사찰인가, 일본절이었는가 ③ 기원학사의 명칭을 어떻게 해서 사용하게 되었는가 등 기본적인 사항조차 밝혀져 있지 않다. 이 같은 문제들에 더하여, 입사생의 신분과 기원학사의 생활상 및 주변 환경 등의 기술 또한 사실과는 상당히 다른 설명을 하고 있다. 예를 들면 다음과 같은 사항들이다.

첫째, 당시 입사생으로서 지방의 소속 사찰에서 비용을 대고 서울에 유학하는 승려학생을 종비생(宗費生)으로 부르는 것은 맞지 않다. 현재 조계종의 종비생과는 다른 개념이며 조건이다. 일제 강점기의 일본유학이 그러했듯이 광복 이후에도 본산 단위 혹은 개별 사찰에서 승려를 서울에 유학 보낸 경우라면 이는 종비가 아닌 공비생(公費生)이라야 할 것이다.

둘째, 기원학사의 입사생 중에는 지방에서 온 승려학생도 있었지만 사생 모두가 승려는 아니었으며, 이는 시기에 따라 달랐다. 1950년대 중반 이후로는 일반학생 수가 점차 많아지고, 그 숫자 비율이 더욱 늘어나 1960년대 후반에는 사생 대부분이 일반학생이었다. 어쨌든 각 심사에서의 기원학사라면 지방의 공비 유학승들을 위한 기숙 시설이라는 설명이 맞겠지만, 최소한 그것이 6·25전쟁 이후 기원학사의 일반적인 성격과는 부합하지 않는다.

셋째, 기원학사는 사찰을 근거지로 삼아 운영하였지만, 법식과 계율 준수 등 생활 규범이 분명한 수도 도량은 아니었다. 아침 단체예불과 개인의 자유로운 정진 등 신행 생활을 중시하되, 엄격한 사찰 분위기와는 크게 달랐다. 60년대 후반을 기준으로 말한다면, 대체적으로 매우 자유롭고 또 자연스러운 분위기이었다.

넷째, 초동 기원학사의 경우, 시설 및 주위의 환경이 매우 열악했던 것은 사실이다. 그러나 이로 인해 면학에 큰 지장을 받거나 특별한 어려움을 겪는 것은 아니었다. 따라서 초동 기원학사의 이전은 내부적인 문제보다는 시대의 변화와 당시 활발하게 일어나고 있던 도심재정비 사업의 사회적 여건 속에서, 학교재단의 필요성과 판단에 따라 진행된 일이기도 하였다.

따라서 이미 간행된 여러 교사의 기원학사와 관련한 설명에서 보이는 이상의 몇 가지 의문점과 상이한 요소들은 1960년대를 전후하여 초동의 기원학사에서 사생으로 생활해온 경험들에 비추어보건대 수긍하기 어려운 점들이 있다. 여기서 새삼 기원학사의 연원과 전개 양상 및 활동상에 대한 적극적인 관심을 환기할 필요가 있다. 이는 물론 기원학사에 관한 역사적 사실을 보다 정확하게 이해하기 위해서이다.

(2) 불교학생동맹의 박문사(博文寺) 접수

기원학사 문제와 관련된 제반 사실의 재검토를 위한 탐문은 광복 후 학생들의 자치활동과 특히 조선불교학생동맹의 활동상을 살펴보는 것으로부터 시작해야 한다. 당시 불교과 학생들의 이 같은 동향 속에서 그들에게 불가결한 숙소 문제가 현실 상황으로서 처음 대두된 것으로 나타나기 때문이다.

일제의 학교 정비에 따라 당시 혜화전문학교는 1944년 5월부터 강제 폐교 상태에 있어 왔다. 이후 조국 광복을 맞아 1945년 9월 학교가 다시 문을 열었고, 이듬해인 1946년 9월에는 혜화전문학교가 동국대학으로 병합 승격하였다.

이 동국대학은 문학부(불교과·문학과·사학과) 정경학부(정치과·경제과) 제1전문부(불교과·문학과·사학과) 제2전문부(국문과·문학과·역사과)의 4개 학부로 편성되었다. 따라서 그 동안의 혜화전문 학생자치회를 동국대학학생회로 개칭하고 학생회의 강령 및 규약도 새로 정하였다.

이때 정한 규약에 따라 학생회의 각 위원이 선출되었거니와, 불교과의 위상은 이 첫 위원 선출에서부터 주목된다. 즉 오늘의 총학생회장에 해당하는 상무위원회의 위원장으로 이외윤(48년 혜전 졸업)이 선출된 것이다. 이는 동국대학의 역사적·정신적 전통 속에서 차지해 온 불교의 위상과 역할이 광복 후의 학생자치활동에서도 그대로 이어지고 있음을 엿보게 한다.

이에 앞서 이외윤은 광복 후 다시 개교한 혜화전문학교에서 학생회장으로서 활동하였다. 또 동국대학 승격 몇 달 전인 1946년 5월에 불교과 학생들을 중심으로 결성된 '조선불교학생동맹'(후에는 학생회)에

석가탄신일을 맞아 초동기원학사에서 최초로 명명한 '부처님오신 날'이란 현수막을 걸고
김동화박사 장원규교수 이재창교수 등과 기원학사 선후배들의 기념촬영 초동 기원학사

서도 역시 위원장을 맡았다. 이 학생동맹은 학내의 자치단체였지만, 그 정신적 표방과 활동 범위는 사회와 국민 전체를 대상으로 삼는 불교적 이상의 사회적 구현을 지향하는 단체이기도 하였다. 조선불교학생동맹이라는 명칭을 쓴 것도 이 때문일 것이다. 『동대 70년사』에는 이 조선불교학생동맹의 결성 과정이 기숙사의 언급과 함께 다음과 같이 기술되어 있다.

조선불교학생회는 본교 불교과 학생들이 주동이 되어 창설한 것인데 그 발기의 결성준비위원회 결성대회, 그리고 하계 사업대책위원회 등도 본교 전문부 강당에서 열렸고, 당시 불교과 학생들의 기숙사였던 필동의 각심사에서 제1회 역원회(役員會)도 가졌다. 또한 회관 문제가 여의치 않아 각심사를 회관으로 삼고 본부로 정하였다. 동 학생회의 명칭과 성격은 전국적인 규모의 조선불교학생회이었지만, 그 주체와 주동은 어디까지나 우리대학 불교과 학생이었다.
동 학생회의 선언문과 강령, 그리고 임원진을 보면 다음과 같다.

선 언

온순하다기 보다 무기력하고, 침용적(沈勇的)인 것보다 허약하고, 도태연(道態然)하다기 보다 위축적인 것이 자고지금(自古至今)의 불교 유학생 단점의 대부분이 아니었던가!

보라! 들으라! 불타의 대후(大吼)!

과연 그는 사바의 등대이며 우주의 광명이었다. 우리는 이 위대한 불타의 혜명을 이어야 할 불자이다. 뿐만 아니라 불교가 청구(青丘)에 이른지 이미 천 오백여 년. 그동안 과연 불교는 민족문화 사상(史上)에

살이며, 피며, 동맥이었다.

라려(羅麗)의 문화를 웅변하는 쪼개진 기와의 한쪽에도 천고불후(千古不朽)의 불교의 명맥이 뛰놀고 있지 않은가! 또 그 뿐이랴, 목전에 전개된 도중가이(途中家裏) 양대사! 우리는 시대적 책임감을 느껴야 할 것이다.

그러므로 우리는 숭고한 신앙 수행, 진지한 교학 연구를 통하여 사회 정화의 목적 아래 힘있게 정진할 것을 맹서하며 천하에 선언한다.

강 령

우리는 불교학도다.

참된 불타정신을 체득하여 혜명 계승의 중책을 다하며,

민족문화 향상에 진력하여,

세계문화 건설에 이바지하자.

임 원

위 원 장　이외윤

부위원장　김지복

총무부장　김상연　　　부원　김종안

문교부장　김창호　　　부원　장상렬

체육부장　이우출　　　부원　나준룡

후생부장　정동일　　　부원　김영태

재무부장　김용대　　　부원　김보성

감찰부장　김성환　　　부원　심우철 박문수(『동대 70년사』 p.516)

이로부터 기관지 「녹원(鹿苑)」 간행(제3집 이후 중단), 국립도서관에서의 불서전시회, 하기방학 중의 전국순회강연, 무료진료반 구성과 전국순회봉사 등 조선불교학생회의 이 같은 활동은 6·25전쟁 직전까지 계속 되었다.

학생들의 기숙사로서 각심사에 대한 기술은 『동대 70년사』 연혁편의 간략한 언급에 이어, 조선불교학생회 결성에서 좀 더 구체적인 내용을 엿볼 수 있다. 그러나 최초의 기원학사 확인이라는 측면에서는 재고해야 할 여지가 없지 않다. 무엇보다도 광복 후 학생 활동의 중심에서 동맹을 결성하고 실무를 주도한 이외윤의 직접적인 발언은 이와 다르게 나타나 있기 때문이다. 그가 1997년에 '선우도량 한국불교연구회'와 가진 인터뷰 가운데 관련 부분 대화를 그대로 인용해 본다.

- **동춘 스님** 조선불교학생동맹의 맹원은 70여명 정도이고 본부는 박문사에 있다가 각심사로, 다시 서본원사로 옮기었다고 합니다. 왜 본부를 그렇게 이동시켰나요?
- **이외윤** 70명이라는 것은 전부 스님이고 유학승이죠. 묵을 곳이 없으니까 박문사를 접수해서 기원학사라고 했죠. 박문사, 대각사, 개운사 같은 경우 참 좋았어요. 그런데 총무원에서 지켜주어야 할 텐데 기숙사를 딴 데 주어버렸어요. 각심사 이것도 일본절인데, 6·25때 폭격 맞아 없어졌어요. 불교예술동맹 사무실이 거기 있었죠. 서본원사는 을지로 3가 속리산 관광회사 자리야. 거기가 해방 후 경기교구 교무원이었어요. 불교학생들이 기숙사를 옮겼죠. (『근현대불교사-해방공간의 불교혁신운동』, 선우도량출판부, 2002. p.152)

인터뷰 내용이 체계적이거나 자세하지는 않지만, 이를 통해 우선 최초의 기숙사로서의 기원학사 문제에 관해 두 가지 사실은 분명하게 확인할 수 있다. 첫째, 광복 후 불교과의 유학승 70여명이 조선불교학생연맹을 결성하였다. 단체 활동과 생활에 필요한 숙소 문제의 해결을 위해 학생들 스스로 박문사를 접수(接收)하여 기숙사로 삼았다. 둘째, 박문사에서 기숙사의 문을 열고 기원학사라는 고유 명칭을 정하여 사용하였다. 이후 기숙사를 이전할 때마다 기원학사 명칭을 그대로 이어갔다.

이상의 두 가지 사실은 당시 학생 활동을 실질적으로 이끌었던 이외윤 동문이 인터뷰에서 직접 밝힌 내용들이다. 그러나 이 인터뷰 내용만으로 기원학사의 출발 초기 사정을 이해하기는 충분하지 않다. 따라서 이에 대한 관련 자료 등을 참조하여 다음 같이 보완적인 부연의 설명을 할 수 있겠다.

첫째, 학생들이 박문사를 접수(接收)하여 기숙사로 삼았다는 사실이다. 이 부분은 광복 후 혜화전문-동국대학의 불교과 학생들을 위한 기숙사가 아직은 별도로 없었음을 짐작하게 한다. 이 때문에 거의 전부가 지방에서 온 유학승이라 할 학생들은 박문사·대각사·개운사 같은 서울 시내의 비교적 규모가 큰 사찰들에서 숙식의 도움을 받았던 것 같다. 그러던 중 조선불교학생연맹 결성을 계기로 직접 박문사를 접수하여 기숙사로 삼았던 것으로 추정할 수 있다.

종단총무원의 관리 하에 있던 적산사찰을 '학생들이 접수했다'는 것은 그 당시의 시대 상황과 분위기로 미루어 충분히 가능했던 일로 보인다. 광복 이후 좌우의 정치·사상적 대립과 수많은 각종 단체와 연맹들, 그 가운데서도 청년학생들의 단체 활동은 그만큼 과격하였고 또 그것이 사회적으로 통용되는 부분도 적지 않았다. 학생들의 접수 문제와 관련하여, 여기서 잠시 박문사의 성격을 언급해두는 것도 도움이 될 것이다.

장충단공원 동쪽 언덕(현재 신라호텔 자리)에 있었던 일본 조동종 소속의 박문사(博文寺)는 한국침략의 실질적인 주도자 이토오 히로부미(伊藤博文)를 추모하기 위한 사찰이었다. 일제는 안중근 의사에게 사살된 그를 위해 절을 세우면서 온갖 만행을 서슴지 않았다. 을미사변 당시 나라를 위해 목숨을 바친 충신열사들을 기리어 재를 지내던 장충단 영역을 의도적으로 파괴하면서 4만2천 평의 터를 잡고, 경희궁·경복궁·원구단 등 고궁의 건물과 정신문화 시설을 헐어내어 박문사의 건축자재로 가져다 썼다. 그들은 이렇게 해서 이토오 히로부미의 추모사찰을 한국불교의 총본산으로 삼겠다는 목표까지 세워놓고 있었다.

그러나 이 같은 흉계를 진행해 가던 중 1945년 8월에 일제가 패망한 것이다. 조선불교학생동맹의 젊은 불교학도들이 맨 처음 기숙사로 삼은 절이 곧 이런 박문사였다. 그런 만큼 불교과 학생들의 박문사 접수는 단순히 필요로 하는 시설 공간의 확보라는 차원을 넘어서서 여러 각도에서 그 의미와 해석을 가능하게 한다. 어쨌든 이런 과정을 통해 1946년 5월에 학생동맹의 본부 사무실과 함께 기숙사가 박문사에서 처음 문을 열게 되었다.

둘째. 기숙사의 명칭을 기원학사(祇園學舍)로 정한 사실이다. 이 기숙사의 명칭은 학교당국이나 혹은 종단의 뜻에 의해 사용하게 된 것이 아니다. 김영태(59년 졸업) 원로동문의 전문(傳聞)에 따르면, 당시 이외윤(48년 혜전 졸업)·김지복(48년 혜전 졸업)·우정상(50년 졸업)·김상연(50년 졸업) 재학생 등이 의견을 모으고 논의한 끝에 마침내 '기원학사'로 정하게 되었다고 한다. 이 명칭은 물론 석가모니 붓다께서 가장 오래 머물며 법을 설하셨던 당시 중인도 사위성의 기원정사(祇園精舍 · Jetavana-vihara)에서 따온 이름이다.

진리의 말씀이 설해지고, 사람들이 법을 듣고 미망에서 깨어나며, 불법이 이로부터 온 세상으로 더욱 널리 퍼져 나가는 상징, 바로 그런 정신을 담아 동국대학의 기숙사 명칭을 정한 것은 당시 학생들의 지극한 자각의 소산이었음을 말해준다. 이는 불교대학 기숙사가 단지 숙식을 위한 편의와 생활의 공간만이 아님을 그들 스스로가 확신하고 있음이다. 그런 의미에서 기원학사는 어디에 위치하든, 자신과 사람과 세상을 함께 법으로 충만케 하는 불법의 대지이며 진리 탐구의 도량으로 자리매김 되었던 것이라 하겠다.

(3) 각심사(覺心寺)로의 기숙사 이전

광복 후 1946년 5월 불교과 학생들이 박문사를 접수하여 기숙사로 삼았지만 오래지 않아, 그해 다시 각심사로 자리를 옮겨야 했음은 앞서 밝힌 바와 같다. 그러나 학생들의 길지 않은 박문사 체류와, 각심사로의 이전에 대해서도 그 원인과 과정이 제대로 밝혀져 있지 않다. 앞의 인터뷰에서 이외윤은 단지 "총무원에서 지켜주어야 할 텐데 기숙사를 딴 데 주어버렸다"라고 이유를 말하고 있을 뿐이다. 따라서 박문사에서의 기숙사 운영 기간, 그곳을 떠나게 된 사정, 그리고 이전지로 각심사를 선택한 경위 등 모두가 불분명하다.

이 부분에 대한 이해를 위해서는 일단 당시 총무원과 불교학생동맹 간의 관계에서부터 실마리를 찾아보아야 할 것 같다. 이는 학생들과 총무원 양측의 대립이 박문사 퇴거의 주요 원인이 아니었을까 하는 추정에서이다. 즉 당시 불교학생동맹의 활동에 대해 총무원 측에서는 그들을 지지하지 않았고, 학생들 또한 그런 총무원을 불만스럽게 여기는 바가 없지 않았던 것 같다. 혹은 이러한 점에서 생각해보자면, 이외윤 위원장 개인에 대한 반감이 작용했던 것인지도 알 수 없다. 그는 학생동맹 이전부터도 승려와 신도의 역할 구분을 내용으로 하는 교도제(敎徒制) 등 불교혁신운동에 앞장 서왔기 때문이다. 박문사 퇴거의 이유를 어떻게 말하든, 이는 결국 이외윤이 위원장으로 있는 조선불교학생동맹과 불교총무원 간의 불편한 관계로 귀착된다.

이에 관해서는 생전의 이외윤 동문이 불교계 신문과 잡지의 기고에서 "일본사찰 박문사에서는 중앙불교학생회와 불교학생기숙사 간판을 걸고 그곳에서 명륜동 소재 구 혜화전문학교에 통학하였다"고 술회하고 있다. (「나의 불교 편력」, 『주간불교』, 제104호, 1986.7.20) 이어서 "이러한 절들은 제대로 관리를 못했을 뿐만 아니라, 불교학생의 기숙사이고 회관 간판까지 붙어있던 박문사를 하루아침에 어떤 특정인에게 관리권이 넘어가 … 불교학생들은 할 수 없이 필동 골짜기에 있던 일인(日人)사찰 각심사로 옮기고 기원학사라는 간판을 붙이고."라고 하였다. (「주간불교」, 제105호, 1986.7.27)

또 그가 불교잡지에 쓴 글에서는 "총무원과의 대립으로(불교동맹의 사무실을) 필동의 각심사로 이전한 것"임을 직접 밝히고 있다. (이외윤, '특집·해방전후의 한국불교: 학생들이 주축이 된 불교혁신운동', 「월간 법륜」, 제246호, 1987.8) 이 같은 사실과 함께 앞 인터뷰의 또 다른 부분에서는 양측의 대립 관계를 보완적으로 확인할 수 있게 하는 내용도 눈에 띈다. 즉 이외윤이 학생회장으로서 당시 김법린 총무원장을 찾아가서 나눈 과격한 발언 등에서이다. 그는 '일본사찰을 (불교의 재산으로서) 유지해야 할 필요성'을 말하고, "재산 관련, 인사 관계 등을 좌우하는 최범술 스님을 종회에서 잘라야 한다"는 주장을 펴고 있다. 이에 대한 총무원장의 반응은 달랐다. "나도 학교 다닐 때 그런 주장을 해왔지만 사회에 나와 보니까 그렇지 않더라"는 대답으로 젊은 학생회장의 혈기를 달래는 입장이었다. 그러나 학생회장은 그 자리에서 일어나 총무원장의 책상을 뒤엎어버릴 정도로 과격한 모습을 보이고 있다. 불교학생동맹의 본부 사무실과 기원학사가 있는 박문사를 총무원이 인정하고 보호해 주지 않는데 대한 반발이 그만큼 컸다는 반증일 것이다.

박문사에서 떠나온 뒤의 학생동맹에 대하여 앞의 『동대 70년사』에서는 "당시 불교과 학생들의 기숙사였던 필동 각심사에서 조선불교학생회의 제1회 역원회(役員會)를 가졌고, 또 회관 문제가 여의치 않자 각심사를 회관으로 삼고 본부로 정하였다"고 적고 있다. 그런데 이 내용 역시 각심사로의 이전 시기와 기숙사 운영 등 문제에 관해서는 언급이 없으며, 각심사 자체도 다만 '필동의 각심사'라 한 것이 기술의 전부이다.

이곳이 일본사찰이라는 사실도 그나마 이외윤 동문의 기고나 인터뷰를 통해 알 수 있을 정도이다. 이 필동의 일본사찰 각심사는 일제 강점기에 세운 일본의 황벽종(黃檗宗) 조선별원 영광산(靈光山) 각심사를 말한다. 우리나라에는 황벽의 선사상이 전해졌지만 하나의 종파로 발전하지는 못하였다. 그러나 일본에서는 선종 3파(임제종·조동종·황벽종) 가운데 하나로 자리 잡고 있다. 그런 일본의 선종계파가 우리나라에 들어와 별원을 세우고 활동한 것이다. 각심사는 처음에 지금의 중구 예관동 지역에 있었으나 1940년대에 장충단 뒤편 남산 기슭의 서사헌정(西四軒町)으로 옮겨 지었다. 각심사는 일본사찰이지만 조선 사찰의 양식으로 세워진 드문 사례로 알려지며 6·25전쟁 중에 폭격으로 소실되었다. 이 각심사가 자리해 있던 숲이 울창한 남산 기슭은 현재의 행정구역으로는 '장충동 2가'에 해당하며, 필동은 그 서쪽 편에 있는 것으로 나타난다. 박문사와 함께 이 각심사는 남산 기슭의 장충동에 위치한 사찰들인 것이다.

그런데 이 문제와 관련하여. 일본사찰 각심사와는 다른 또 하나의 각심사가 남산 기슭 필동에 있었음을 참고 할 수 있다. 중구청 역사문화자원 소개에 의하면, 이는 조선시대에 창건한 남산사(南山寺)의 옛 터에 지은 사찰이다. 1936년에 각념(覺念) 선사가 옛 남산사 터에 절을 짓고 이름을 각심사라 하였다 한다. 현재는 폐허가 된 채 금당과 법당 터를 비롯하여 석조기단과 지대석 등이 남아 있다.

비슷한 시기에 지은 두 사찰이 모두 필동의 각심사여서, 기원학사가 어느 각심사에 있었는지 자칫 혼돈하기 쉽다. 그러나 우리는 기원학사가 있던 사찰이 황벽종의 각심사임을 이미 확인할 수 있었다. 그런 만큼 새삼 '장충동 각심사'로 정정하는 일 없이 이 부분에 한해 『동대 70년사』에서 기록한 '중구 필동 각심사'를 관례 그대로 사용하기로 한다.

박문사에서 옮겨온 후 조선불교학생연맹은 각심사에 회관 겸 본부를 두고 활동을 이어갈 수 있었고, 등하교와 수업 등 학교 생활 또한 안정적이었을 것으로 생각된다. 이 같은 상황의 추정은 무엇보다도 주거 환경의 여건, 즉 기원학사의 안정이 뒷받침되었기 때문일 것이다. 앞의 박문사에서와 마찬가지로 당시 학생들은 주로 명륜동의 전문부 교사에서 수업을 받으며 학교생활을 하였다. 필동에서 명륜동까지 등하교 길이 다소 먼 거리이기는 하지만 안정된 기원학사가 있는 한 그것이 크게 문제가 되지는 않았을 것이다. 기원학사의 안정은 학교 측의 지원 및 관리 운영 제도와도 관계가 있었을 것으로 짐작되는데 이에 관해서는 다음의 문제와 함께 좀 더 살펴보기로 한다.

앞의 『동대 70년사』 인용에서 이미 보았던 '필동 각심사' 부분을 다시 한 번 확인하면 다음과 같이 나타난다. "… 본 대학에서는 해방 후 다시 개교되자 곧 수목이 울창하고 산수가 수려한 남산 기슭 중구 필동 각심사에 기원학사를 두어 승려출신 학생들에게 숙식의 편의를 제공하였던 것이나, 남산의 기원학사는 6·25사변으로 소진되고 …"의 기술 내용으로 보면, 해방 후 다시 개교되자 필동 각심사에 기원학사를 들였다는 것으로만 되어, 박문사에 대한 언급이 전혀 보이지 않는다.

그러나 박문사에 기숙사가 있었고, 이를 기원학사라고 했던 것은 분명한 사실이다. 또 다른 자료를 통해 살펴보건대, "지금의 신라호텔 자리인 왜절 박문사를 우리의 기숙사로 쓰고 있었다"라고 1946년 동국대학 문학부에 입학했던 이병주(전 동국대 명예교수)가 생전에 쓴 회고기에 밝혀주고 있다.(「나의 대학시절 회고기」, 『동국대학교 국어국문학과 50년』, 동국대 국문학과, 1966.11) 또 현 신라호텔 목조 기와지붕의 정문을 '1946년, 장충동 박문사 자리의 기숙사 입구'라는 해설과 함께 게재한 사진자료를 통해서도 확인된다.(『사진으로 본 동국대학교 80년』)

『동대 70년사』는 이처럼 뚜렷한 박문사의 기숙사를 생략한 채, 그 뒤를 이은 각심사만을 기숙사로 기술하고 있는 것이다. 추측컨대 이는 이들 기숙사와 학교와의 관계성 여부의 문제가 아닐까 한다. 다시 말하면 기숙사든 기원학사이든, 그것이 학교의 관리 체제 안에 있는 공식기구인가, 아니면 임의적인 학생자치기구인가에 따라 교사(校史)로서의 취급 범위와 수준이 달랐을 것이다. 이런 가정이 맞는다면, 기원학사는 각심사에서부터 학교의 공식기구로서 성격을 띠고 안정적으로 운영된 것으로 볼 수 있겠다. 그러나 이런 기원학사도 오래 유지하지는 못하였다. 6·25전쟁의 발발로 학생들이 모두 흩어지고 기숙사 또한 자연히 폐쇄되었기 때문이다.

이상에서 살펴본 것처럼 1946년 5월 무렵에 문을 연 박문사의 기숙사는 명확하지는 않지만 불과 몇 개월의 짧은 기간 동안 유지했던 것으로 보인다. 그것은 다시 각심사로 옮겨져 1950년 6월경까지 이어진다. 따라서 광복 후 기원학사가 유지되어온 기간은 1946년 5월부터 1950년 6월까지 대략 4년여가 되는 셈이다. 기숙사이든 기원학사이든, 이 기간 중 이들은 스스로의 형태를 탐색하고 존재 방식을 만들어 가는 초창기의 모습이었다고 말할 수 있겠다. 특히 희망과 갈등의 시대적 혼돈 속에서 그 첫길을 열어간 박문사의 기원학사에는 불교과 기숙사로서의 자생적 의미와 그 출발의 성격을 부여할 수 있다.

2

정착기 – 초동 시대

(1953.9 ~ 1969.6)

(1) 피난 시절과 서본원사(西本願寺) 정착

1950년 발발한 6·25전쟁의 참화로 인해 대학은 그 전반적인 운영
체제가 무너지면서 파행적으로 연명될 수밖에 없었다. 전쟁 발발 이
후 동국대학에서도 크고 작은 수난이 뒤따랐다. 더욱이 필동의 교사
가 북한군의 병영으로 강점된 그 해 8월 하순부터는 대학의 전 기능이
마비되기에 이른다. 그러나 국군과 유엔군이 서울을 탈환한 9·28수복
이후 한 동안은 파괴된 대학의 재건 사업이 진행되기도 하였다. 그러
다가 중공군이 대거 개입하고 다시 아군이 후퇴하면서는 동국대학도
부득이 피난길에 나서야 했다.

그해 12월 20일 당시 김동화 학장은 대학의 모든 서류를 대구시
남산동에 있던 동화사 별원으로 분리 보관시키고 대학본부를 일시 그
곳으로 옮겼다. 이로써 동화사 별원의 동국대학 임시대학본부는 교수
와 직원의 연락처가 되고, 여기에 가족들까지 합류하는 등 마치 피난

'부처님오신 날'이란 명칭을 처음 주창한 초동 목정배 동문 (왼쪽)

민 수용소와도 같았다. 그리고 오래지 않아 이런 피난 현실은 부산으로 이어졌고, 중구 신창동(新昌洞)의 경남교무원에서도 그대로 재현되고 있었다. 그런 가운데 반격과 후퇴, 휴전 제의와 지루한 회담 등으로 전선이 점차 고착화해 갔다. 전시 하 교육특별조치가 내려지고, 전시연합대학이 설치된 것은 이런 상황에서였다.

이에 따라 동국대학 학생은 부산·전주·광주·대전의 연합대학에서 1951년 4월부터 교육을 받게 되어있었다. 그런데 동국대학 교수들 대다수가 부산에 피난하고 있어서, 부산 영도 해동중학교에 설치된 부산전시연합대학에 많이 출강하였다. 이 때문에 동국대학 학생들 또한 대부분이 이곳에서 수업을 받았다. 당시 동국대학 학생은 504명이었고, 이 밖에 대전·광주·대구·전주 등에서 수강하는 학생은 218명이었다. 이처럼 전시연합대학이 1년간 계속되고 있을 무렵, 부산에 있던 교수들은 여러 차례 회합을 갖고 동국대학의 단독 개교를 결정하고 문교부에 통보하였다. 이 소식이 전해면서 전국에 산재하던 동국대학 학생들은 부산 신창동의 임시교사로 모여 들었다.

당시 경남교무원에 마련된 임시교사는 법당에서부터 사무실 지하실까지 칸을 막아 교실로 사용하였고, 심지어는 교무원의 마루 밑까지도 판자로 벽을 만들어 극도의 교실 부족을 해결하고자 하였다. 그렇게 해서도 교실이 부족하자, 아예 교무원 구내에 가건물 임시교사들까지 세웠지만 환경의 열악함은 여전하였다. 그런 가운데서도 동국대학 교수와 강사들의 교육에 대한 정성은 지극했고, 학생들의 열성 또한 뜨겁고 진지하였다.

대낮에도 악취가 코를 찌르는 아세틸렌가스등이나 석유등 없이는 강의를 할 수 없는 법당 지하의 임시교실에서도 교수들은 불편한 기색 없이 오직 정성을 다해 강의하였다. 이에 보답하듯, 염색한 군복 차림에 점심을 먹지 못해 굶주린 배를 움켜쥐면서도 진지하게 청강하는 학생들의 모습은 아름답고 비장했던 것이 그 시절의 광경이었다. 이렇게 진행된 전시연합대학의 교육으로 1952년 3월에 이르러서는 670여명의 학생이 복교(復校)하였으며, 신흥대학(현 경희대)의 위탁학생 85명도 함께 수강하였다.

이처럼 피난지에서 교육 활동에 모든 노력을 기울이던 동국대학이 다시 서울로 돌아온 것은 정전협정 조인 2개월 뒤인 1953년 9월 초였다. 이에 앞서 그해 2월에는 동국대학이 종합대학교로 승격하였고, 불교과 권상로 교수가 초대 총장으로 취임하였다. 총장은 취임 후 종합대학교로의 승격에 따른 기구 확장과 각 단과대학의 교과과정 조정을 비롯하여 기타 현안 업무의 준비 및 처리에 힘썼다. 한편 이런 과정 속에서 고령의 총장은 학원 이사회에 스스로 사의를 표하였고 그것이 이사회와 학교 측에 의해 만류되어 오고 있었다. 그러던 중 교수의 65세 정년을 내용으로 하는 교육공무원법이 공포되고, 이후 이사회에서 권상로 총장의 사의를 수용하니, 재직기간(1953.2~7)이 불과 6개월이었다.

그리하여 제2대 총장으로 백성욱 박사가 취임하였다. 일찍이 출가한 스님으로서 중앙학원 졸업, 상해 임시정부 참여, 독일유학 박사, 금강산 수행, 내무부장관, 국영기업체 사장 등 다양한 경력을 지닌 백성욱 총장의 취임은 학교 구성원들의 큰 관심과 기대를 모았다. 백 총장은 취임식도 미룬 채 업무에 착수하여 정부의 환도 준비와 때를 같이하여 동국대학교의 서울 복귀를 결정하고 이를 실천하게 하였다.

이에 따라 우선 제1진이 서울에 올라와 학교 정상화와 개강을 위한 준비를 서둘렀다. 그리하여 동국대학교는 서울시내 타 대학들보다 수개월 앞선 9월 상순에 거의 강의시간표대로 개강할 정도로 모든 업무가 조정 정리되었다. 그러나 정작 긴급한 것은 학생 수용을 위한 사무실과 강의실 등 부족한 시설의 해결 문제였다.

휴전이 성립하자 백 총장의 의지로 동국대학교는 서둘러 서울 본교로 복귀는 하였으나, 전화로 인한 시설의 황폐는 형언할 수도 없을 정도였다. 전문부에서 사용하던 종로구 명륜동의 교사는 미헌병대에 징발된 상태였고, 학부에서 사용하던 필동 교사와 2만3천987평의 넓은 터는 도로와 축대 등이 끊기거나 무너진 채 잡초만 무성하였다. 더욱이 필동 교사는 1949년 4월에 지반공사만 해놓은 그대로 방치되어 있었고, 정문 34평을 포함하여 목조 기와지붕으로 지은 일본사찰 7개동 617평 중에서 인쇄소가 위치해 있던 관음사지에 남아 있던 2개동 96평마저 폭격으로 소실된 상태였다. 모든 것이 부족하고 예산의 확보조차 어려운 상황이었기 때문에 우선 빈터 80평에 판자로 가건물을 지어 개강을 준비할 수밖에 없었다.(『동대 70년사』, 「제2장 연혁」 참조)

따라서 7개동 602평의 빈약한 시설만으로 학사일정을 예정대로 진행하되, 추후에 시설 보강을 꾀하기로 하였다. 다른 한편으로는 부족한 시설의 보완에도 노력을 기울였다. 당시 조명기 교수가, 패전 후 귀국하는 일본인 사토(左藤) 교수로부터 개인적으로 양도 받아 유치원으로 사용하던 필동 소재의 대지 3천300평과, 그곳에 있던 일본사찰 1동, 건평 84평의 부속건물에 대한 사용허가를 얻는 등의 노력이 그것이다. 이 자리가 곧 일본 조동종의 조계사(曹溪寺)가 있던 곳이며, 뒤에 동국대학교의 필동 교사에 포함되었다.(「동국대학교 정각원(숭정전)에 대한 종합적 고찰」, 『한국불교학』, 제65집, 한국불교학회, 2013. 참조)

지금까지 기원학사의 재개에 대한 관심에서 6·25전쟁 중 대학의 피난과 서울 환도 후의 시설 복구 등 현황을 살펴왔다. 그러나 이 기간 중 대구의 동화사 별원과 부산의 경남교무원에서 옹색하기 그지없는 피난 교수들의 기숙 생활 얘기가 잠시 비쳤을 뿐, 기원학사가 거론되는 기회는 없었다. 그렇다면 기원학사의 전 시기를 함께 설명하고 있는『동대 70년사』의 기술 내용을 다시 상기하면서 또 다른 관련 부분을 찾아보는 방법 밖에 없을 것 같다.

　　여기에 보이는 기원학사의 언급은 '광복 후 다시 개교하면서 필동 각심사에 기원학사를 두었고, 기원학사가 6·25 때 불에 타고 법당이 걸인들의 집단 거소가 되어 부득이 임시조치로 초동의 옛 서본원사 터로 옮겼다가, 1967년 안암동 이전 계획 아래 토지를 매각하고 기숙사 신축에 착수하였다'는 것으로 요약된다. 그 즈음의 기원학사 관련 사실의 내용으로는 '필동 각심사가 6·25 때 소진됨으로써 임시 조치로 초동의 서본원사로 옮겼다'는 것이 내용의 전부이다. 이 같은 결과적 설명만으로는 6·25전쟁 이후 기원학사의 변동, 즉 서본원사에서의 기원학사 재개 과정을 이해하기에는 불충분하다.

　　기원학사가 짧은 첫 단계로서 박문사를 거쳐 각심사로 이전하여 공식 시작하고, 다시 서본원사로 이어졌음은 재론의 여지가 없다. 다행히 이 각심사-서본원사의 과정을 추측해볼 수 있게 하는 자료가 전무하지는 않은 편이다. 그런 자료로는 먼저 서울 중구청의 「서본원사 -중구역사문화자원」을 들 수 있다. 그렇게 길지 않은 이 자료는 초동 서본원사가 속한 일본의 정토진종(淨土眞宗)에 대한 소개와 함께 이 종파의 경성별원인 서본원사의 설립 시기 등을 언급하고 있다. 그런 다음 "광복과 함께 서본원사 경성별원은 적산사원으로 국유화 되었다.

대한민국 정부 수립 후 1950년 6·25전쟁으로 동국대학교의 명륜동 교사가 폐허로 변하자 서본원사 경성별원으로 옮기고 그 일대를 캠퍼스로 삼았다"고 기술해 놓고 있다.

요컨대 6·25전쟁 후 동국대학교가 서본원사를 교사로 쓰고 그 일대를 캠퍼스로 사용했음을 말하고 있다. 추측해볼 수 있는 여지는 바로 이 지점이다. 학교가 서울로 돌아왔을 때, 명륜동과 필동의 교사를 즉시 사용하기가 불가능했다면 우선은 필동과 가까운 초동의 서본원사 체류를 고려했을 가능성은 충분하다. 종단 총무원의 관리 하에 있는 서본원사는 광복 후부터 경기교무원이 있던 사찰이며, 전쟁 중에도 큰 피해는 없었던 것 같다. 따라서 학교 측에서는 일단 이 곳의 건물들을 사용하는 한편, 필동의 교사 및 시설의 복구와 확장 업무를 수행할 수 있었을 것으로 본다. 이런 가운데 학생의 기숙사를 마련하는 문제가 대두되었다면 이 또한 서본원사가 가장 적합한 장소로서 논의되었을 것이다.

(2) 불교대학 분교와 기원학사의 공존

이렇게 서본원사를 기원학사로 사용하였음을 방증하는 또 다른 간접 자료로 낡은 한 컷의 기원학사 관련 사진을 근거로 들어 말 할 수 있다. 『사진으로 본 동국대학교 80년』에 실린 이 흑백사진에는 서본원사 본관 건물 입구 위쪽에 가로 글씨로 '祇園學舍'라고 쓰인 상당한 크기의 편액이 선명하다. 사진 촬영의 시기가 밝혀져 있지 않아 이 편액만으로 모든 것을 추측하기는 어렵다. 그러나 정작 중요한 것은 눈여겨보지 않으면 놓칠 수도 있는 사진 속 건물 입구 기둥에 세로로

걸린 한자 현판이다. 그것에는 작은 글씨로 '東國大學校 佛敎大學 分校'라고 쓰여 있다. 기원학사를 서본원사에 두기로 결정하는 문제와 관련지어 생각해보았을 때, 이 작은 간판이 의미하는 바의 내용 추정은 크게 어렵지 않다.

환도 후 학교는 주로 필동의 옛 일본사찰 목조건물 등의 긴급 보수와 판자 가건물 조립 등으로 개강을 준비한 것이지만, 이들 시설만으로 충분하지 못했을 것임은 물론이다. 이런 상황을 전제로 추측한다면, 이 작은 간판은 당시 불교과와 철학과로 구성된 비교적 작은 규모의 불교대학 강의가 주로 이곳 서본원사에서 이루어졌음을 반증하는 것이 된다. 이에 대해서는, 60~61년에 기원학사에서 당시 박춘해 교수의 '선학사개설(禪學史槪說)' '선실수(禪實修)' 수업 등이 진행되었고 실제로 강의를 들었다는 나동영(63년 졸업) 동문의 증언으로도 확인할 수 있었다.

물론 불교대학 분교가 어느 정도의 강좌 규모와 형태로 얼마 동안이나 지속되었는지는 알 수 없다. 그러나 초동에 불교대학 분교가 있었던 것임은 분명해졌다. 그렇다면 중구청의 「서본원사─중구역사문화자원」 자료에 보이는 '전쟁 후 동국대학교가 서본원사로 이전하여 캠퍼스로 사용하였다'는 것 또한 거의 사실을 말하고 있는 것이라 하겠다.

이상을 다시 요약해 말하면 피난지에서 복귀한 동국대학교는 처음 얼마동안 서본원사에 머물며 필동의 옛 사찰 건물들과 시설을 급히 복구하는 등 개강 준비 업무를 수행하였다. 그러나 강의실 등이 충분하지 못했던 관계로 불교대학은 당분간 서본원사에 남아 강의를 진행하기로 결정하였다. 서본원사를 그대로 동국대학교 불교대학 분교로 삼아 한 동안 이곳에서도 강의가 계속 된 것이다. 한편 기원학사의 설치 문제는 이 같은 학교 전체 업무의 진행 과정에서 대두되어 그 동안 충분히 논의를 통해 결정했을 것임을 추측할 수 있다. 불교대학과 함께 그 기숙사를 서본원사에 둔다는 것은 자연스러운 결정이며 당연한 일이었을 것이다.

이와 같이 서본원사에서 기원학사가 다시 문을 연 시기는 일단 1953년 9월 초로 잡을 수 있다. 서울 환도 후 처음 맞는 가을학기의 시작 즈음을 기원학사의 재개 시점으로 보았을 때 그러하다. 이로써 박문사에서 처음 시작한 기원학사는 각심사를 거쳐 이제 막 서본원사의 시대가 열리게 된 것이다. 만일 이때 필동의 각심사가 전쟁 중에 불에 타지 않고 그대로 있었다면, 기원학사는 다시 옛 자리로 돌아갔을 가능성이 컸다고 본다. 그러나 각심사가 소진되어버린 현실에서는, 아무래도 서본원사가 가장 적합한 장소와 시설로서 말 그대로 인연도량이었을 것이다.

그런 뜻에서, 기원학사가 다시 자리를 잡고 정착하게 되는 이 서본원사와의 인연을 좀 더 위로 소급해 살펴보기로 한다. 그것은 뜻밖에 19세기 말의 불행한 동북아 정세로까지 거슬러 올라 갈 수 있다. 근대의 일본은 자국의 대외침략정책에 불교를 적극 활용하고자 하였다. 바로 이 같은 정책 수행의 구체적인 사례로서, 국내에 가장 먼저 들어온 일본불교가 10개의 분파를 거느린 정토진종이었다.

정토진종은 12세기 경 정토종 창시자 호넨(法然)의 가르침을 계승한 신란(親鸞)이 세운 종파이다. 이 종파는 아미타불의 본원력에 의지하여 철저한 참회와 타력염불로 중생구원의 길을 제시하면서 일본불교에서 가장 큰 영향력을 발휘해 왔다. 조선의 개항을 강제한 병자수

호조약 이듬 해인 1877년, 정토진종의 오타니파(동본원사파)가 처음 부산에 들어왔고 이내 동본원사 부산별원을 설립하였다.

이와 더불어 정토진종의 본파인 서본원사에서도 한국진출을 꾀하였다. 이들 역시 1877년 부산에 별원을 세우고 포교하였으며, 이후 서울로 올라와 중구 초동에 서본원사 경성별원을 설립하기에 이른다. 그러나 서본원사 경성별원의 설립 시기는 확실하지 않으며, 대한제국에서 일제강점기 초반인 1900년대에 사찰을 세운 것으로 추정한다. 이후 서본원사에 관해서는 다음과 같은 몇 가지 자료에 나타난 당시의 동향을 통해 어느 정도 그 교세와 성향을 짐작해볼 수 있다.

① 1922년에 창립된 조선불교여자청년회가 설립한 능인여자학원(후일의 명성여자중·고교)이 경영난을 겪고 있을 때, 1925년 서본원사에서 경영권을 인수하였다.(서울 중구청, 「서본원사−중구역사문화자원」 참조)

② 지나사변(支那事變) 1주년 전몰장병 추도식이 내선불교각종연합회(內鮮佛敎各宗聯合會) 주최로 서본원사에서 열렸다.(「불교」, 신제15집 참조)

③ 서본원사 일반사상연구회 : 소화 17년 1월 7일 서본원사에서는 불교사상을 선포하기 전에 일반사상연구의 필요를 감(感)하고 사상연구회를 설치하고 보국(補國)에 힘쓰게 되었다.(「불교」, 신제47집, 종보 11면 참조)

이 '일반사상연구회'는 불교 포교보다도 당시 일제의 식민정책 및 전쟁수행 등의 문제와 관련하여 이념적 부응 노력을 우선하는 모습으로 읽혀진다. 이런 성격의 연구회가 서본원사에 설치되고 운영된 것이다.

이른바 한일합방 무렵까지 한국에 침투한 일본불교는 정토진종 외에 정토종·진언종·일련종·조동종·임제종·황벽종 등 일본 내 유력한 종파들로, 이들 종단의 11개 파에서 한국에 들어와 전국 각지에 포교소 또는 별원을 세우고 활동하였다. 그러나 1945년 8월 15일 일본이 패망하면서 광복과 함께 이들 일본사찰들은 모두 적산사찰(敵産寺刹)로서 국유화되고, 미군정기간과 정부 수립 후 그 대부분이 불하되었다.

이런 과정에서 초동의 서본원사는 종단 총무원의 관리하에 놓이면서, 그 동안 경기교무원을 거쳐 6·25전쟁 후에는 잠시 동국대학교 불교대학 분교가 되기도 하였다. 서본원사는 이 같은 변화의 연장선에서 마침내 한국의 젊은 불교학도들의 기숙사인 기원학사가 되었으니, 이 일이 어찌 우연만이랴. 복잡하고 불편한 과거의 역사에도 불구하고, 말하자면 이는 불교학도들의 면학 정진에 서본원사가 그나마 하나의 훌륭한 인연도량이 되어준 셈이다.

3

안정기-안암동 시대

(1969.7 ~ 1998.11)

(1) 산업화 시대의 새 도량

1960년대 후반 무렵, 특히 서울에서는 산업화, 도시화의 빠른 변화 속에서 도심의 정비 및 개발 사업이 곳곳에서 일어나고 있었다. 6·25 전쟁 이후 각종 사회적 기능과 도시 시설의 복구 노력에도 불구하고 그 동안 심화되어 온 도시의 낙후 및 슬럼화 현상 등에 따른 개선 사업들이었다.

당시 기원학사가 자리 잡고 있던 중구 초동만 해도 충무로-을지로 축과 곧장 명동으로 이어지는 서울 도심의 주요 지역에 해당하였다. 그러나 이런 요지에도 옛 식민시대 일본의 적산사찰이 그대로 남아 대학기숙사로 사용되고, 주위에는 피난민들의 낡은 판잣집들이 여전히 밀집해 있던 형편이었다.

이 같은 현실에서 동국대학교 불교학과 기숙사로 사용해 오던 옛 서본원사는 매각이 추진될 수밖에 없는 추세에 있었다. 이에 따라 새

안암동 기원학사

로운 기원학사의 신축은 안암동 개운사의 토지를 이용하여 학교가 건물을 신축하는 방향으로 협의가 이루어졌다. 당시 개운사 측에서 도량 인근의 소유 토지를 무상으로 빌려 쓸 수 있게 한 것으로 알려져 있었다. 이는 불교종립대학에 대한 개운사 측의 호의일 것이 분명하다.

그러나 또 다른 면에서는 불교학과 학생들이 사용할 기숙사 신축을 지원함으로써 달리 기대하는 바 또한 없지 않기 때문이라는 말이 돌기도 하였다. 이는 당시 종단 내부의 세력 분쟁과 관련하여 나온 추측일 수도 있었다. 하지만 이런 말들의 진위도 확인하기 어렵지만, 대부분의 사생들은 그런 소문이나 배경에는 별다른 관심을 두지 않았다. 사생들의 입장에서라면 기원학사의 확고한 유지와 함께 불교의 신행과 학문을 쌓을 수 있는 여건의 유지 등이 더욱 중요한 관심사였기 때문이다.

토지 이용의 조건 또는 실제 사정이 무엇이든 간에, 이후 개운사 측으로부터 빌린 대략 8백여 평의 대지에 연건평 370평 정도의 새 기원학사 2층 건물이 완공된 것은 1969년 여름이었다. 서본원사의 낡고 어둡던 목조건물에 비하면, 이곳은 말 그대로 깨끗하고 편리한 현대식 시설이었음은 물론이다. 먼저 이 부분에 관한 교사의 기록은 다음과 같이 나타나 있다.

동국대학교 기숙사는 본래 중구 초동 107번지(현재 유신고속 터미널)에 있었다. 당시 기숙사는 사원 건물을 이용하였고, 또한 번화가에 위치하였으므로 기숙사 생활과 면학 활동에 지장을 주었다. 그러므로 학교 당국은 1969년 안암동 개운사 동북쪽에 현대식 건물을 준공하였다. 현재는 2층까지만 세웠으나 장래는 지상 5층으로 건축 할 수 있게 되었다. 기숙사의 용도는 지하층에 보일러실·저수조·목욕실·세탁실, 1층은 법당·식당·주방·사감실·사무실·숙실·세면실로 되어 있고, 2층은 휴게실·숙실·세면실이 있다.(『동대 70년사』, 「제3장 시설의 확장 9. 기숙사」편 참조)

이 같은 신축 건물로의 입주는 기원학사의 또 다른 시작으로, 그 안암동 시대가 이렇게 열리고 있었다. 성북구 안암동 5가 10번지(현 개운사길 76-1)에서 새롭게 시작한 기원학사는, 입지 조건 및 주변 환경과 생활 시설 등 여러 가지 면에서 초동에서와는 크게 대비되었다. 우선 밝고 경쾌한 분위기를 띤 생활 시설들, 특히 그 중에서도 기거 생활과 공부를 위한 개별 방들은 사생들 모두에게 큰 만족을 주었다. 그 구조는 1실 4인의 수용 공간으로, 1층과 2층을 합하여 모두 24실이 있었다.

한편 1998년 간행의 『동국대학교 90년지』에서는 기원학사를 다음과 같이 소개하고 있다. 앞의 『동대 70년사』에서와는 다른 몇 가지 차이를 함께 참고할 수 있다.

1) 설립 목적

개운사 경내에 현대식 2층 건물로 70명을 수용할 수 있으며, 입사 자격은 남학생으로 불교대학 학생과 일반 재학생이 입사토록 되어 있다.(소재지: 성북구 안암동 5가 10번지)

2) 역대 기숙사 사감

이 름	재 임 기 간
이 재 창	1969. 10. 8 ~ 1970. 9. 10
김 영 태	1970. 9. 10 ~ 1973. 1. 23
이 재 창	1973. 10. 23 ~1978. 7. 22
김 강 모	1978. 7. 22 ~ 1981. 9. 23
목 정 배	1981. 9. 23 ~ 1988. 2. 16
오 형 근	1988. 2. 16 ~ 1993. 3. 18
김 인 덕	1993. 3. 18 ~ 1996 2. 28
이 법 산	1996. 2. 28 ~ 현재(1976.5)

3) 시설 및 설비

건물명	1. 구 조 2. 층 수 3. 건축면적 4. 연 건 평	용 도	면적(㎡)	방수 (개)	비 고
안암동 기숙사	1. 철근콘크 리트조 2. 지하1층 지상2층 3. 593.6m² 4. 1,241m²	숙 실	405.88	24	건물만 본교 소유이며, 토지는 현재 임대 사용 중
		사 감 실	8.37	1	
		세 면 장	33.48	1	
		주방및식당	51.66	1	
		휴 게 실	32.94	1	
		욕 실	23.76	1	
		탈 의 실	19.44	1	
		창 고	95.4		
		수 위 실	8.37	1	
		법 당	170		
		화 장 실	37.2	1	
		계단및복도	355.5		

4) 주요 행사

― 매년 춘계야유회

― 매년 추계 open house (『동국대학교 90년지』, 「기원학사」편 참조)

위의 기술과 도표에서 눈길을 끄는 것은 1) 설립 목적 중의 '입사 자격'과 3) 시설 및 설비 중 '비고'의 내용이다. '입사 자격'은 요컨대 그 동안 기원학사에 불교학과 학생들만 입사했던 것과는 달리, 남학생으로서 불교대 학생 및 일반 재학생 모두가 입실토록 되어 있는 점이다. 이 같은 자격 규정은 초동에서는 물론 안암동에 와서도 처음 몇 년 동안은 대두된 적이 없었다. 그 뒤 1971년에 이 문제가 정식 거론되는데 이에 관해서는 뒤에서 다시 살펴보기로 한다.

다음은 '비고'의 부분으로 '건물만 본교 소유이며 토지는 현재 임대 사용 중'이라 한 것도, 처음 개운사 소유 토지를 무상으로 빌려 학교가 건물만 지었다는 것과는 다른 내용이다. 그러나 이 두 가지 내용의 전말은 여기서 굳이 밝혀 볼 필요는 없는 일이겠다. 토지의 무상사용 여부 및 임대 전환 등의 문제는 결국 재단과 학교 소관의 경영 문제이기 때문이다.

『동대 70년사』와 『동국대학교 90년지』의 기원학사 소개 내용의 차이로 인해 부득이 부가적인 설명이 필요했지만, 안암동 기원학사에 대한 당시 사생들의 대체적인 인식은 긍정적인 면이 많았다. 기숙사의 시설이 당시로서는 훌륭한 편이었고, 편리한 생활 시설들에 못지않게 더욱 중요한 요소들이 많았다. 특히 기원학사 주변 옛절들의 향기와 함께 나지막한 산등성이와 작은 숲들이 주는 마음의 안정과 평화로움 등이 그러하였다.

(2) 인연의 터, 개운사와 석전 박한영

안암동 기원학사의 입지 조건으로서 가장 특징적인 것은 주위 세 곳에 개운사 등 옛절이 모여 있다는 사실이다. 비록 고찰 대가람은 아니지만 도심 가까운 야산에 숨듯이 자리 잡고 있는 이들 품격 있는 전통사찰들은 역사의 깊은 향기를 그대로 지니고 있었다. 그것은 특히 한국근대불교의 선각자 석전(石顚) 박한영(朴漢永) 스님의 시대정신과 평생에 걸친 불교교육 활동과 관련이 깊다. 기원학사로부터 대략 2백 미터 거리의 범위 안에 서로 인접해 있는 개운사·대원암·보타사(칠성암)를 먼저 살핀 다음, 별도로 석전 박한영 스님과 동국대학교와의 깊은 관계를 차례로 살펴보기로 한다.

개운사의 옛 행정구역은 경기도 고양군 숭인면이었으며, 지금은 서울시 성북구 안암동에 속한다. 이 절은 주변을 넓게 조망하면 고려대학교와 고려대병원 사이에 위치한다. 기원학사 쪽에서라면 서남방향으로 50여 미터쯤 떨어진 지점에 있으며 70년대 까지만 해도 개운사와 기원학사 사이에는 큰 개울이 길 따라 흘렀다. 이런 개운사는 조선 태조 6년(1396년)에 무학대사가 안암산 기슭(지금의 고려대 이공대 자리)에 개창하고 이름을 영도사(永導寺)라 하였다.

정조 3년(1779년)에 정조의 후궁 홍빈(洪嬪)의 능(陵)인 명인원(明仁園)을 영도사 근처에 짓고 절을 현재의 위치로 옮겼다. 이때부터 영도사는 명인원에 제사를 지낼 때 두부를 만들어 주는 조포(造泡)사찰이었다. 조선 말에 영도사와 인연이 깊던 소년 시절의 고종이 왕위에 오른 후 절 이름을 개운사(開運寺)로 바꾸었다. '나라의 운을 여는 절'이라는 의미였다. 개운사는 대한제국 시대인 1906년 불교계에서 근대교육기관으로 명진학교를 처음 설립할 때 42원을 보조한 것으로 되어있다. 31개 동참사찰 가운데 네 번째 참여한 사찰이었다.

일제강점기인 1926년에는 주지 동봉 스님의 주도로 개운사 불교전문강원을 개설하고 당시 불교계의 독보적인 대강백 석전 스님을 주맹(主盟)으로 모셨다. 스님은 1908년에 상경하여 1919년 이래 개운사에 주석해 오던 중, 전문강원의 주맹이 되어 학인들의 교육을 전담하게 된 것이다.

스님은 이에 앞서 한용운·금파 스님과 더불어 불교개혁과 유신에 관해 의견을 나누고 토론해 왔다. 또한 한용운·진진응·김종래 스님 등과는 조선불교와 일본불교의 합병 시도를 저지하기 위한 임제종 설립 운동을 깊이 논의하는 등 시대 변화와 조선불교의 현실 상황에 관해 고심해 왔다. 따라서 이런 스님의 청년승려교육은 교학지식의 전수일 뿐만 아니라, 그대로가 당시 불교계의 친일화에 반대하는 항일운동의 일환이기도 하였다.

개운사 불교전문강원은 1926년 10월 3일에 개원하여 1928년 11월 1일 제1회 졸업식을 가졌으며, 스님은 졸업식 다음날인 11월 2일 개운사에서 동북쪽 지척의 거리에 있는 대원암으로 개운사 강원을 옮겼다. 그 동안 공사를 진행해 온 신축 강원 건물을 이날 낙성한 것이다. 이 같은 개운사 불교전문강원의 이전 신축에는 봉선사 전 주지 홍월초 화상의 도움이 컸다. 강당 이전 비용이 없다는 말을 듣고 현금 6백원을 희사함으로써 이 불사를 크게 이룰 수 있게 된 것이다.

한편, 당시 조선불교중앙교무원에서는 1929년 4월 개운사 대원암에 불교연구원을 설립하였다. 전문강원의 상위연구과정에 해당하는 3년 또는 5년 기간의 이 불교연구원 또한 석전 스님이 원장을 맡았다.

이로써 스님이 주맹으로 있던 대원암 전문강원은 근대불교승가교육의 요람지로서 역할이 컸다. 스님은 이후 대원암에 머물며 한결같이 불교교육에 전념하여 승속을 막론하고 샛별 같은 불교 인재들을 이곳 대원암 강원에서 배출하였다.

대원암 강석과 석전 스님의 문하에는 운기·청우·청담·석운·운허·경보 스님 등을 비롯하여 뛰어난 청년승려들이 모여들어 수학하고 법을 이었다. 또한 최남선·정인보·홍명희·이광수·신석정·조지훈·서정주 등 재가의 학자 문인과 젊은 지식인들이 스님의 처소를 왕래하며 배우는 등 평생을 큰스승으로 존경하였다.

스님은 중앙불교전문학교 교장으로 재직하면서도 직접 『선문염송(禪門拈頌)』과 유식학(唯識學)을 학생들에게 가르쳤다. 또 『계학약전(戒學約詮)』『대승백법(大乘百法)』『팔식규구(八識規矩)』『인명입정이론회석(因明立正理論會釋)』 등을 불교전문학교 교재로서 편찬하기도 하였다. 『인명입정이론회석』의 경우 한국 최초의 『인명입정리론』의 주석서로서 의미를 지니며, 통일신라시대에 『판비량론(判比量論)』을 저술한 원효를 제외하고는 한국 최초의 논리학 연구서라고도 할 수 있다. 이 같은 사실은 스님이 불립문자(不立文字)의 선불교가 대세이던 당시 조선불교 경향 속에서도, 계율정신과 함께 논리적인 유식 및 인명학을 통해 불교의 사상적 균형을 기하고자 했음을 짐작하게 한다.

그밖에 『석전문초(石顚文鈔)』『석전시초(石顚詩鈔)』 등 스님의 방대한 문집류 및 『정선사산비명(精選四山碑銘)』『불교사요람(佛教史要攬)』 등과, 100여 편이 넘는 각종 논설과 수필 등은 그대로 스님의 응축된 학문과 사상을 함께 보여준다. 교학의 대종사이자 오롯한 수행자로서, 또 한국학의 태두이자 문사철(文史哲)의 석학으로서 스님의 담연(湛然)

한 인품과 함께 그의 학문세계는 그만큼 호한(浩瀚)하였다.

항상 석전 스님을 흠모했던 육당(六堂) 최남선(崔南善)은 "석전사(師)를 만남에 내전이고 외전이고 도대체 모르는 게 없을 만큼 박식했다. 나는 누구에게든 물어볼 것이 없는데, 석전 선생에게는 물어볼 것이 있다."고 하였다.(『石顚詩鈔』, 서문, 1939) 또 위당(爲堂) 정인보(鄭寅普) 또한 "대관절 박한영과 함께 길을 갈라치면 한국 땅 어디에 가나 그는 모르는 게 없다. 산에 가면 산 이야기, 물에 가면 물 이야기… 이른바 사농공상(士農工商) 무엇에 관한 문제를 꺼내든 간에 그의 화제는 고갈될 줄 모른다."고 회고하고 있다.(『石顚詩鈔』, 「石顚上人傳」, 1939) 이렇게 스님의 박람강기(博覽强記)함이 어느 정도인가를 충분히 짐작할 수 있게 하는 당대 최고 지식인들의 증언이다.

석전 스님은 개운사−대원강원에서 20여년을 머물면서 우리나라 불교교육 발전과 한국사회에서의 불교의 영향력 증대에 크게 공헌하였다. 오늘의 중앙승가대학이 1981년 개운사에서 4년제 대학으로 개편 출발한 것도 스님이 이끈 대원강원을 역사적 기반으로 한 것이라 하겠다. 이에 앞서 1970년대에는 탄허 스님이 대원암에 머물면서 『신화엄경합론』의 역경 사업을 진행하기도 했다.

대원암 위에는 개운사의 또 다른 산내 암자인 보타사가 있다. 흥선대원군의 신불심이 깃들어 있는 보타사는 일제시대 때 오랜 옛 마애석불 기도터에 지은 절이다. 기원학사가 안암동에 옮겨왔을 때만해도 이 절 이름은 칠성암이었다. 그러다가 1980년부터 이름을 바꾸어 보타사라 부르고 있다. 보타사의 창건 역사는 비록 짧지만 경내에는 고려 후기의 조성으로 보이는 마애석불좌상과 금동보살좌상 2점이 국가보물로 지정되어 있다. 이로 미루어 이 절터는 고려 후기 무렵부터 중요한 기도 도량이었음을 짐작할 수 있다. 보타사는 개운사에 중앙승가대학이 들어와 있던 1980년대에는 비구스님 학생의 기숙사로 사용되었다. 이때 비구니스님들의 기숙사는 대원암에 있었다.

이들 옛 절은 대찰로서의 역사적 위상과 의미보다는, 한국 근대불교에 특히 불교교육 활동을 진작해온 도량으로서 그 역할에 더욱 주목하게 한다. 그것은 여전히 선각의 얼과 유향(遺香)으로 남아 있다. 그런 정신과 향기로서 더욱 의미 깊은 도량에 이제 불교종립 동국대학교의 기원학사가 함께 자리잡게 된 것이다.

또한, 개운사 지역 일대는 근대 불교인들이 새로운 자각과 시대정신으로 불교교육과 면학(勉學)의 전통을 세워온 특별한 터전이다. 오늘의 조계종 중앙승가대학이 이들 개운사·대원암·보타사가 있는 역사적 현장에서 출발하고 초기 성장을 도모했던 것 역시 우연한 일이 아니다. 이는 이곳 도량에 깃든 석전 스님의 불교교육 정신과도 무관하지 않을 것이다. 그런 뜻에서 스님의 불교교육 활동에 있어서는 동국대학교와의 인연 또한 빼어놓을 수 없다. 공교롭게도 동국대의 기원학사가 이 지역 도량에 함께 들게 된 현실에서, 스님과 동국대의 깊은 인연을 생각하면 그 의미는 더욱 증폭된다.

석전 스님은 26세 때 순창 구암사에서 개강하고 산청 대원사에서 학인들을 지도하다가 전국 명산대찰을 돌며 삼장강설(三藏講說) 대법회를 펼쳐왔다. 그러던 스님이 서울에 올라온 것은 1908년 39세 때였다. 당시 전국의 승려대표자 52인이 동대문 밖 원흥사에 모여 근대 한국불교 첫 종단으로서 원종(圓宗)을 설립한다. 이와 함께 석전 스님을 명진학교의 고등강사로 인선함으로써 이내 상경하여 원흥사 내에 있던 명진학교에서 학인들을 지도한 것이다. 스님과 동국대학교의 인연은 이로부터 시작한다.

　명진학교 강사 시절을 포함한 이후의 경과에 대해서는, 다음과 같이 동국대학 이전 각 학교 시절 스님의 직책과 재직 기간을 일람할 수 있다.(『영호 정호대종사 일생록-석전 박한영』, 종걸·혜봉, 신아출판사, 2016.3 p.803 참조)

　　1) 명진학교 : 고등강사 2년(1908.3.6.~1909)

　　2) 불교고등강숙 : 숙사(塾師) 2년(1912.11~1914.10)

　　3) 경성불교고등강습회 : 회장 겸 강사 5개월(1914.11~1915.3)

　　4) 불교중앙학림 : 불학강사 4년(1915.10~1919.3.6)
　　　　　　　　　　　학장 3년(1919.3.7.~1922)

　　5) 개운사 불교전문강원 : 강주 및 조실 18년(1926.1.26.~1944)

　　6) 불교전수학교 : 강사 2년(1928.4.3.~1930)

　　7) 중앙불교전문학교 : 강사 2년(1931~1932.10)
　　　　　　　　　　　교장 2년(1932.11.1.~1938.11.2)

　　8) 혜화전문학교 : 명예교수 2년(1938.12~1940.7)

　이상의 일람에서 3)·5)번 내용은 동국대와 직접 관련이 있는 것은 아니다. 그러나 이들 직책과 기간 또한 3)은 당시 학교의 폐지 기간이며, 5)는 학교 직책과 겹치는 기간에 해당한다. 스님의 공식 직함이 많을 때는 4개가 겹칠 때도 있었다. 조선불교 교정(敎正)·개운사 조실·대원암 강원 강주·중앙불교전문학교 교장을 동시에 맡고 있을 때이다.

　위에서 보듯이 스님은 명진학교의 강사로부터 시작하여 불교고등

강숙 숙사·불교중앙학림 강사와 학장·불교전수학교 강사·불교중앙
전문학교 강사와 교장·혜화전문학교 명예교수를 역임한 다음, 마지막
으로는 조선불교 교정·대한불교 교정을 지냈다. 동국대학교의 측면
에서만 본다면 근대 불교교육의 첫 출발지인 명진학교에서부터 당시
3대 사학의 하나로 이름 높던 혜화전문학교에 이르기까지, 동국대학
교와 깊은 인연 속에서 거의 평생을 함께 보낸 것이다.

이에 이르러, 반성적으로 되새겨 볼 만한 문제를 잠시 짚어본다.
그 동안 동국대학교에서 보여 온 스님에 대한 인식과 더불어 그 역할
과 공헌에 상응하는 예우 또는 선양의 문제에 관해서이다. 명진학교
졸업생으로서 만해 한용운 스님에 대한 대대적인 선양과는 다르게 석
전 스님에 대해서는 현재 동국대학교 안에 어떤 관심의 흔적도 드러
나 있지 않다. 석전 스님의 시대정신과 평생을 바친 불교교육 활동의
노력을 전하여 일깨울 만한 어떤 표징 하나도 학내에 없는 것이 현실
이다. 불교종립 동국대학교가 지향하는 불교이념의 교육 활동은 물론
동국대학교와 석전 스님의 깊은 인연을 사려 깊게 되새겨 보고 그 의
미를 새롭게 조명해 보아야 할 것으로 생각한다.

그런 뜻에서라면 개운사 도량과 동국대학교 기원학사와의 만남,
이런 회우(會遇)가 어찌 우연한 일일 것인가. 이는 그대로 이 시대 젊
은 불교학도들의 새로운 각성과 용맹한 의지를 기다려 온 시절인연
의 도래이며, 선각자의 오랜 무언의 메시지일 터이다.(이상의 석전 스
님 관련 내용은 『영호 정호대종사 일생록－석전 박한영』을 참조하고 인용하여
기술함)

4

침체기 – 안암동 이후 시대

(1998.12 ~ 2021. 현재)

    안암동 시대의 기원학사는 초동의 정착기에 이어 새로운 안정기를 이루어 왔다. 이 시기의 기원학사까지만 해도 여전히 특별한 불교 생활 공동체로서 그 역할과 기능을 다하였다. 젊은 불교학도들에게 언제나 굳건한 안식처로서 학문적 성취와 정신의 고양을 격려해 온 것이다. 은혜로운 이 도량에서 그 동안 선후배 청년불교학도들이 함께 배워서 깨닫고 쌓아온 가치와 경험의 공동체로서 그 위상과 공력이 어찌 크다 하지 않으랴. 그리고 그것은 저마다의 진실한 삶이 되고 또한 세상을 열어가는 의기로운 길이 되었다.

    그러나 1969년 7월부터 시작한 안암동 시대가 29년 후인 1998년 11월 말에 이르러서는 일단 대단원의 막을 내리게 된다. 가장 직접적인 그 원인은 기원학사 건물, 토지 임대 기간의 만료였다. 이 같은 상황 변화 속에서 학교당국은 기원학사를 이제는 동국대학교 전체 기숙사 체제 안에 합류시켜 운영하기로 결정한 것이다. 이에 따라 기원학사는 1998년 11월 말, 경기도 고양시 원당에 있던 동국대학교 연습림과 농장의 부속 건물로 이전해야 했다.

　기원학사가 안암동 시대를 끝으로 학교 전체의 기숙사 체제에 합류한 지도 벌써 20여년이 지났다. 합류라고 표현했지만 그 이후의 세월은 마치 유랑 그 자체였다. 기원학사가 지녀온 위상과 전통을 생각하면, 시대의 변화를 새삼 실감하게 된다. 안타까운 마음으로 안암동 시대 이후 기원학사의 동향을 그 연도별 거주지 이전 상황을 중심으로 더듬어 본다.(2014년 기원학사 사생장 김보과 동문 정리)

● 1998년 11월

학교측의 기숙사 운영방침 변경으로 안암동 기원학사를 경기도 일산시 원당으로 이전할 것을 결정함. 이에 따라 11월 말 경기도 일산시 원당의 동국대 연습림과 농장의 부속건물(2층 단독 건물)로 이전하고, 건물 입구에 기원학사 간판을 부착함.

2층에 작은 법당을 마련하고, 사생장 주도 하에 예불과 공동생활 등 자율적인 기숙사 운영을 유지함. 인근에 거주하는 농장 영선실 직원과 가족이 시설 관리 및 식사 문제 등을 보조함. 이 시기부터는 타학과생 없이 불교학과생들만 입사하여 생활함.

● 2006년 2월

고양시 원당에서 서울 충무로 영상센터 내에 위치한 충무학사(중구 퇴계로 36길 2)로 이전.

● 2007년 2월

장충동 모자원(서울 중구 동호로 273)으로 이전.

• 2008년 2월

묵정동 반야관(서울캠퍼스 전산원 자리에 있던 학교 소유 하숙건물)을 리모델링 후 이전. 기원학사 여학생 사생 선발을 처음 시작.
기원학사 사생들이 안정적으로 입주하여 면학에 정진할 수 있는 여건 조성을 호소하는 내용을 법우회 선배동문들에게 전달함.

• 2012년 2월

다시 모자원으로 이전. 그동안 법학대학 고시반 학생들이 사용 중이던 모자원 내의 공실에 기원학사 학생들이 기숙하게 됨.

• 2017년 12월

모자원에 계속 생활하던 중, 건물 노후화에 따른 중구청의 사용불가 판정으로 기원학사의 이전이 불가피하게 된 실정임에도 불구하고 계속 방치됨.
1998년 일산의 농장 부속 건물 입주 때부터 이 무렵까지의 학생수는 대략 20~10명 선에서 유지되어 옴.

• 2018년 1학기

동국대 종합기숙사인 필동 남산학사에 기원학사 입주.

• 2018년 2학기

남산학사에서 불교대학 학생만의 별도 공간 배정에 대한 타 단과대학 생들의 불만이 표출됨. 다시 모자원으로 옮겨 임시 입주.

- 2019년 1학기

또 다시 충무학사로 이전 입주. 이 시기로부터 10명 이하의 학생만이 생활하는 수준을 유지함.

- 2019년 2학기

충무학사의 공간 부족으로 남학생은 충무학사에, 여학생은 동국대 비구니 학생스님 수행관에 나누어 입주.

- 2020년 1학기

코로나19 팬데믹 이후 충무학사가 외국인 전용 기숙사로 사용됨. 이에 따라 그동안 입주해 있던 남학생들이 다시 남산학사로 옮겨가고, 여학생은 계속 혜광원에 입주 중임.

이상이 안암동 시대 이후 기원학사 사생들이 유랑해온 자취이다. 기원학사의 안암동 시대 이후 현재 시점까지의 기간이 어느 덧 23년째 이른다. 그러나 안정기에 이은 이 시기의 성격을 어떻게 규정할 수 있을지는 아직도 모호하다. 어떤 새로운 방향 전환을 내심 기대하고 기다리거나, 아니면 포기 할 수밖에 없거나, 그 어느 것도 다 암담하고 난감하긴 마찬가지다.

안암동에서 떠나 온 1998년 11월 말 이후, 기원학사 사생들은 역사 또는 전통과는 아무 상관없이 마치 떠도는 유랑집단과도 같았다. 자존심이 상하는 비유지만, 그간 임대 계약이 끝난 보금자리에서 쫓겨나와 몸부림치고 살 집을 찾아 이곳저곳으로 옮겨 다니는 떠돌이 신세 그대로이다. 지난 23년 동안 기원학사 간판을 들고 무려 십여 차례나 학교의 각 기숙시설들을 전전해 온 현실이 그와 조금도 다를 바가 없다.

기원학사 70여년 역사에서 이미 전설이 되고 있는 초동 시대의 옛 선배들은 '기원학사는 우리가 지킨다'는 의기와 자부심으로 충만하였다. 선배동문들이 기원학사 사생으로 생활했던 시절의 자긍심으로는 도무지 이런 현재의 실상을 외면하고 후배들이 겪고 있는 현재의 상황을 그대로 받아들이기 어려운 일이다.

안암동 기숙사 건물 토지의 임대 계약 만료에 따른 기원학사의 운영 체제 변경이야 충분히 이해할 수 있다. 그러나 현실로 드러나는 그대로, 학교당국의 무성의하고 대책 없는 처사에 대해서는 크게 실망하지 않을 수 없다. 불교종립학교로서의 동국대학교 110여년의 역사에서 70년도 더 넘은 기원학사의 전통과 존재가치가 학교당국에는 이 정도의 의미 밖에 없는 것인가. 심히 유감스러운 일이다.

이 같은 처지에 놓인 기원학사 후배들에게는 법우회 선배들의 드문 관심이 그나마 유일한 소통로였다. 그러나 기원학사 법우회 조직 자체가 제대로 작동하지 않는 현실에서 그것은 간헐적으로 겨우 이어질 수밖에 없는 것도 사실이다. 법우회를 맡았던 김경성 회장 재임 시(2009~2013년)와 권오현 회장 재임 시(2014~2015년)에 기원학사의 가을 축제이던 '소슬제'에 보조금으로 1백만 원씩을 지원하여 격려하고, 법우회 정기모임에 후배들을 함께 참석시키는 정도가 활동의 거의 전부였다. 이 역시 안타까운 일이다.

어쨌든 미약하게나마 기원학사 선후배간의 유대가 이어지고는 있지만, 냉정하게 말하자면 오직 기원학사라는 명칭 정도가 남아 있을 뿐이다. 하지만 그것도 간판 하나 내걸만한 형편이 되지 못하여, 지금은 어느 기숙사 창고쯤에 보관되어 있는 것으로 들린다. 그만큼 기원학사의 오랜 역사와 전통이 오직 옛 명칭 하나에 의지하여 겨우 기억되고 있는 셈이다.

상황이 이렇다 보니 불교학과 학생으로서 기원학사라는 이름 아래 입사하는 숫자가 점점 감소하여 마침내 2019년에는 재학생이 10명 이하에 머무는 수준이다. 이 같은 추세대로라면 기원학사는 그 이름마저 언제 사라질지도 알 수 없는 지경에 이르러 있다. 이것이 학교의 방침에 따라 전체 기숙사 운영 체제에 합류한 기원학사가 20여년 만에 도달한 결과이다. 이제 기원학사의 정체성을 어디서부터 어떻게 재정립하고 다시금 구현해야 할 것인가.

지금은 학교당국의 미봉책과 무성의를 탓하기에도 너무 늦은 시점이다. 따라서 그보다는 오히려 기원학사 동문 자신들이 보여 온 그 동안의 무관심과 방관에 대한 자성이 먼저 있어야 할 것 같다. 이에 공감한다면, 이제라도 동문들이 머리를 맞대고 진지한 논의로 방향성을 재정립해 봐야 할 때이다. 기원학사의 전통적인 존재 의의를 확인 재정립하여 이를 더욱 발전적으로 계승해가게 할 것인지, 아니면 학교당국의 운영 방침을 현행대로 방임할 것인지를 두고 고민하는, 그야말로 허심탄회한 논의가 필요하다. 다만 불교학과의 재학생들이 진지하게 불심을 수행하고 면학에 전념할 수 있는 도량의 위상을 어떻게든 일구고자 하는 진정한 의지와 정성이 있다면 이에 적극적으로 동참하는 것이 또한 선배동문의 당연한 역할이라고 생각한다.

기원학사의 굳건한 역사와 아름다운 전통의 계승은 저절로 이루어지지 않는다. 대학당국과 기원학사 선후배 동문들, 그리고 현재 입사 재학생에 이르기까지 함께 간절한 마음의 의지와 노력이 하나로 결집

될 때 비로소 가능할 것이다. 그리하여 기원학사 현재 후배들이 옛 전통과는 또 다른, 기원학사의 빛나는 새 전통을 만들어 가는 그런 날들을 안타까운 마음으로 그려본다.

빛바랜 일지日誌 들

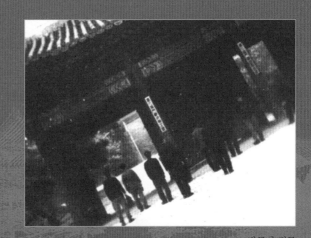

박문사 정문

1

처염상정(處染常淨)의 기원학사

　기원학사에 대해서는 그 각각의 시대 환경 또는 사생으로서의 생활 경험에 대한 기억도 정서도 다 같지는 않을 터이다. 그러나 동국대학교 기원학사라고 말을 할 때 사람들 대부분은 일단 중구 초동에 있던 옛 일본절 서본원사의 우중충한 분위기부터 떠올리게 될 것이다. 그러나 그런 회색 장면은 잠깐이고, 곧 그곳에 살던 청년불자학생들의 활달한 기상과 싱그러운 감성을 추억하지 않을까 싶다. 초동의 기원학사 사생으로 살았던 시절의 의미를 어설프게 집단화하고 획일화하는 일은 피해야겠지만, 그 시절을 공유한 청춘들만의 동질성을 어느 정도 정리해보는 것은 의미가 없지 않을 것이다.

　초동 기원학사 혹은 옛 서본원사의 주변 환경에 대한 묘사는 앞에 인용한 『동대 70년사』에서 이미 나온 바 있다. 즉 "동국학원이 소유한 이 구내(構內)는 서울 수복 시 관리 소홀과 행정의 혼란을 틈타 피난민과 부랑인(浮浪人), 걸인들이 건물을 불법 점거 또는 구내에 판잣집을 지었다. 불결하고 소란이 종일 그치지 않아 사생들이 수도하며 학업을 계속하기에는 너무도 부적절하였다."고 적시하고 있다. 1953년 9월 이후부터 1969년 12월까지의 기원학사의 시대별 환경을 어느 누구도 적확하게 재구성하기는 어렵겠지만, 1960년대를 기준 삼아 기원학사의 주변 환경을 좀 더 더듬어 보면 여러 사건들이 떠오르게 된다.

기원학사가 있던 서본원사의 터는 서울특별시 중구 초동 107번지(현 중구 마른내로 31번지) 일대에 해당한다. 1900년대 창건 당시의 서본원사는 본체인 법당을 중심에 두고 ㄷ자 형태로 개별 건축물들이 둘러싸고 있는 가람 구조였던 것 같다. 그 정확한 규모는 말하기 어렵지만 중앙의 정사각형 법당 건물은 상당히 높고 넓어 웅장한 편이었다. 법당 앞 편으로는 약간의 마당 공간을 사이에 두고 긴 1층 목조 기와지붕 건물이 있었고, 좌측에 역시 긴 1층 건물, 뒤편으로는 2층 건물이 있었다.

그러나 동국대학교가 막 피난지에서 돌아와 서본원사에 임시로 머물면서 필동의 교사와 시설물을 보수하는 한편 서본원사에 기원학사를 설치하던 당시에 이 같은 가람 형태가 그대로 유지되고 있었다고 보기는 어렵다. 전쟁 후 정부의 난민 수용 대책의 경우를 포함하여 혹은 행정의 혼란 등으로 서본원사는 법당을 제외한 모든 건물을 이미 피난민들에게 점유 당한 상태였고 주위는 늘 어수선하였다. 대부분 이북에서 내려온 피난민들은 본래의 절 건물을 개조하여 거주하거나, 건물 주변을 무단 점거하여 판잣집을 덧대어 짓고 살았다. 이후 60년대에 들어와서는 이들 여러 세대가 저마다 연고권을 주장하는 일도 있었다. 따라서 기원학사의 용도로는 처음부터 법당 본체만을 사용할 수밖에 없을 만큼 제한적이었다.

한편 이 본체의 넓은 법당 아래로도 상당히 큰 지하 공간이 있었고, 어두운 이곳에서도 대략 20여명의 사람이 살았다. 이들은 학생이 아닌 역시 전쟁 후 무단으로 들어와 자리를 차지한 부랑인 혹은 피난민 가구들이었다. 지상 판잣집의 상당수 사람들과 함께 이들은 주로 인근 충무로의 영화사들 주변에서 엑스트라로 일하며 사는 사람들이 많았다.

문제는 이처럼 옛 절 건물 주변이나 지하를 무단 점유하고 사는 사람들과 기원학사의 사생들 간에 벌어지는 잦은 마찰이었다. 이런저런 일로 서로 다투거나 심지어 집단싸움으로까지 번지는 험악한 사태들도 자주 발생하였다. 패싸움의 경우 학생들은 건물의 주인 된 입장에서, 그리고 그들은 각자 생존의 터를 지켜야 하는 절박한 처지에서 서로 싸우는 것이었다. 그러나 기원학사 사생이든, 피난민이든, 부랑인이든 양측이 모두 몸과 마음에 상처를 입기는 마찬가지였다.

어쨌든 이런 환경 때문에 기원학사에서 불과 5분 정도 거리에 있는 중부경찰서의 흰색 지프차가 출동하는 것도 그리 낯선 광경이 아니었다. 어수선하고 황량한 옛 서본원사의 주변 모습 못지않게 이 같은 일들 자체가 대학의 기숙사와는 도무지 어울리지 않는 환경이며 분위기였다.

위에서 말한 대로 기원학사는 처음부터 서본원사 가람 전체에서 오직 법당 본체만을 이용할 수밖에 없는 상황이었다. 따라서 전형적인 일본식 목조 법당의 내부를 기숙사의 용도로 개조해야 했는데, 판자마루와 다다미가 깔린 넓은 사각형의 공간을 분할하여 각종 시설을 두었다. 높은 불단 위에 불상을 모신 법당이 건물 중앙에 위치하였고, 건물 전체 4면 벽의 창가와 중앙 복도 쪽으로는 판자벽을 세워 만든 방들 12개가 배치되어 있었다.

이 방들 대부분은 2인실 또는 3인실로 2~4학년용이었다. 이에 비해 7~8명 정도를 수용할 수 있는 큰 방 하나가 별도로 있어서 1학년생들은 처음부터 이 방을 쓰며 공동생활을 하였다. 그밖에 사감실·사무실겸 사생장실을 비롯하여, 주방·주방 조리원숙소·세면실·화장실·창고 등 필수 시설들이 있었다. 그러나 공간과 시설들이 충분하지 못했던 만큼 필요에 따라 공간을 선택하여 사용할 수 있는 형편은 아니었다. 따라서 활용도 측면에서 우선순위를 말하면 그것은 단연 법당과 사생들 개인실이었다. 그 반대의 순서로 말 할 수도 있겠지만 단체생활을 전제하면 반드시 이 순서가 되었다.

건물의 중앙에 위치하여 가장 다양하고 폭넓게 활용하던 법당은 대략 50평 남짓한 넓이로 모든 사생이 함께 활동하기에 매우 편리하였다. 법당에서는 매일 아침 6시 사생 전원이 참석하여 예불을 올린다. 하루에 한 차례 올리는 이 아침예불은 가장 성스러운 대중의례로서 사생 모두에게 중요한 일과의 시작이었다. 또 법당에서는 법담이나 토론 등 사생들 자체의 모임이 자주 있었고 혹은 선배동문들을 초청하여 듣는 불교특강이 열리기도 하였다.

뿐만 아니라 법당은 사생 전원이 아침저녁으로 발우식 공양을 하는 식당이자 공적인 회의장이었으며, 함께 선무도를 연마하는 수련장이기도 하였다. 특별하게는 가끔씩 학년별 '줄빳다'가 이곳에서 행해지는가 하면, 화끈하고 질펀한 막걸리 파티가 벌어지는 곳 또한 바로 법당 안 부처님 앞에서였다. 물론 이때는 부처님 앞 편의 장식 미닫이문을 잠시 닫아두는 예의를 차리기도 했지만, 그런 법도가 없어도 법당은 우리의 모든 젊음을 제한 없이 수용해 주는 곳이었다. 기원학사의 법당은 그야말로 속(俗)의 성화(聖化), 성(聖)의 속화(俗化)가 함께 이루어지던 한없이 크고 넓은 삶과 수행의 공간이었다.

　이런 법당이 공개적이고 대중적인 공간이라면 각각의 작은 방들은 아무래도 닫혀 있는 개인적 공간일 수밖에 없었다. 거의가 2인 1실인 각 방에는 선배학년 1명과 후배학년 1명이 함께 사용하는 것이 상례였다. 그러나 드물게는 대학원생 혹은 졸업한 선배가 기원학사에서 비공식으로 얼마 동안씩 체류하는 일도 있어서, 2~3인실로 사용되기도 하였다. 대학원생의 입사는 뒤에 규정을 두어 공식화 했지만, 규정과 무관하게 타과 학생이 입사해 있던 사례도 있어서 50년대 후반 무렵의 경우를 잠시 알아본다.

　기원학사는 처음부터 불교학과 중심의 기숙 시설로 크지 않은 규모였고, 당연히 불교학과 학생들이 입사하였다. 이들은 모두가 불교와의 인연이 각별한 학생들이었다. 박문사와 각심사 시대에는 기원학사생 전원이 승려학생들이었으며, 서본원사에서도 50년대 중반까지는 그 비율이 훨씬 높았다. 그러나 이 무렵 불교학과 입학생들은 승적신분의 학생과 함께 혹은 스님의 자제이거나 친인척 학생들도 적지 않았다.

　이들의 기원학사 입사는 당연한 일이었지만, 그밖에 법학과나 사학과 등 타학과의 학생들이 입사하는 예도 간혹 있었다. 이들 역시 스님의 인척이거나 불자가정의 학생들로서 불교종단의 인사나 큰절 주지 스님 등의 추천 또는 보증 아래 기원학사에 입사하였다. 그러나 '기원학사에서 몇몇 타과 학생의 입장은 아무래도 이방인과도 같았다'는 김중만(57년 입학) 동문의 회고로 미루어 생각해본다면, 기원학사의 전반적 분위기는 불교학과 학생들 중심이었음이 분명하다.

　기원학사의 생활 지침 중 하나로 불교학과 사생들은 선배와 후배가 방 하나를 함께 쓰는 것이 상례였는데, 이는 장점과 단점이 함께 따르는 일이기도 했다. 전통적인 위계질서를 감안한다면 불편함의 단점이 더 클 수도 있었다. 그러나 기원학사에서의 선후배 관계는 매우 독특했다. 대체로 선배는 후배에게 무엇으로든 모범을 보이면서 좋은 영향을 미치고자 하였고, 후배는 그것을 감사하게 수용하는 그런 모습이고 풍토였다.

하지만 그런 일들이 일방적으로 진행되는 형식은 아니었다. 말하자면 선배와 후배가 이 같은 방식을 통해 함께 성장하는 도반(道伴)의 관계였던 셈이다. 사생들의 생활은 주로 불교적인 삶의 자세, 기백 있는 젊음과 낭만, 크고 작은 유대 활동 등을 통해 상호간의 인간관계가 더욱 돈독해질 수밖에 없었다. 그 중에서도 특히 불교적 신념이 뚜렷한 선배들은 굳이 후배에 대한 교육이 별도로 필요하지 않았다. 한 방에서 지켜보는 선배의 학문하는 자세와 삶의 태도가 그대로 더 할 수 없는 교육이고 훌륭한 자극이 되었다. 그런 선배들의 영향을 받으면서 자신의 길을 깊이 생각하며 그 길을 따른 후배들 또한 적지 않았다.

당시 기원학사의 진지한 분위기를 알 수 있는 역설적인 에피소드도 있다. 불교학과에 입학했다가 오래지 않아 이른바 '인기 학과'로 전과하는 학생들이 간혹 있었다. 그런 예에 속하는 한 사생의 뒷날 경험담이다. 그는 불교가 좋아서 불교학과에 입학했는데 기원학사에서 선배들의 공부하는 모습을 보니 도저히 그렇게 할 자신이 없어서 전과를 했노라고 회상하였다. 한문불서들은 기본이고, 일어·영어는 물론 산스크리트어까지 공부하는 모습들이 특히 그러했다는 후일의 고백담이었다.

물론 기원학사의 선배와 사생들 모두가 학구적이고 탁월한 실력자들이 아니었음은 더 말할 나위가 없는 일이다. 그러나 기숙사의 열악한 환경 등 조건과는 상관없이, 그 안에서 진지하게 불교를 신행하고 학문을 연마하는 선배들이 있었으며, 그런 분위기 속에서 후배들 또한 저마다의 노력을 기울여 갔음은 분명한 일이다. 처염상정(處染常淨)이 여기에도 해당할 것인지 모르지만, 열악한 환경의 기원학사는 그래서 더욱 젊은 불교학도들의 순수한 열정과 의지를 북돋아주던 언제나 청정한 학문의 터전이었다.

2

적산사찰과 일본군 유해

1964년 기원학사 건물 주변을 일부 정비하는 과정에서 그 동안
아무도 예상하지 못했던 놀라운 일이 발생하였다. 건물 지하에서 뜻
밖에 대규모의 유골 무더기가 발견된 것이다. 이 일에 대해 서울 중
구청의 자료 「서본원사–중구역사문화자원」에서는 다음과 같이 소개
하고 있다.

1964년 교사의 신축을 위해 서본원사를 철거하던 중 일제가 수습하지
못한 채 납골당에 봉안되어 있던 일본군 유골 4,000여구가 발견되기도
하였다. 유골들은 화계사에 잠시 안치해 두었다가 1965년 일본과 국교
가 정상화되자 일본으로 정식 반환되었다. 이를 계기로 재일 한국인
유해의 국내 송환과, 한국불교의 일본 내 포교의 계기가 마련되었다.

아미타불의 본원에 의한 중생구제력과 그에 대한 온전한 믿음을
중시하는 정토진종의 서본원사에 일본군 전사자의 유해가 안치되어

있음은 크게 이상한 일이 아니다. 이 같은 사실은 앞서 1933년 휴간했다가 1937년 3월에 속간한 월간잡지 「불교」에 실린, 당시 교단 관련기사를 통해서도 대략을 짐작해볼 수 있다. 「불교」지는 교단의 기관지 성격을 띠고 1944년 말까지 총 40집이 간행되었다. 따라서 이 기간 중에 특히 교단의 주요 업무와 행사 및 교단 인사들의 동정을 중심으로 교계 소식을 몇 페이지씩 싣고 있다.

이 소식란에 중·일전쟁(1937년 7월) 중의 일본군 전사자 위령제 등의 기사들도 자주 보인다. 서본원사에서 열린 추도식과 관련하여, "7월 7일 오후 1시 반, 서본원사에서 내선불교 각종연합회(內鮮佛敎各宗聯合會) 주최로 지나사변(支那事變) 1주년 전몰장병 추도식을 거행하다. 본원측 23인 참열(參列)하다"(「불교」, 신제15집)라는 기사도 그 한 예이다.

일본군 유해가 안치된 서본원사에서 조선과 일본의 불교 각 종파 연합회가 주최하여 추도식을 거행하였고, 여기에 조선불교중앙교무원 측에서는 23인이 대열에 참여했다는 내용이다. 불교 각종연합회의 추도식 개최를 통해, 그 동안 중·일전쟁 중 각지에서 옮겨온 일본군 전사자의 유해를 계속 정토사찰인 서본원사에 안치해왔던 것임을 더불어 유추할 수 있다.

이로써 대규모 유해의 안치 사실은 어느 정도 이해할 수 있지만, 유해를 발견하게 된 계기는 여전히 불분명하다. 유해를 발견한 1964년 전후 시기의 기원학사 사생들조차 이 일에 대해 거의 모르고 있어 더욱 의아하다. 여기서 다시, 그 시대 전후에 학교와 종단의 주요 임원으로 이 일에 직접 관여하고 중요한 역할을 담당했던 숭산 스님의 회고담 기록을 통해 사실을 좀 더 파악해 본다. 숭산 스님은 30년 전

세계 포교의 길에 들어서게 된 동기를 밝히는 과정에 일본 포교의 인연을 다음과 같이 회고하고 있다.

30년 전 그때 당시 동국대 기숙사였던 초동에 일본의 서본원사 별원이 있었습니다. 이 건물을 헐어서 집을 지으려다 보니 지하실에서 일본군의 유골 4천여 구가 나왔습니다. 당시 나는 동국대 상무이사와 (종단의) 총무부장을 겸하고 있었는데, 유골을 없애기로 의견이 모아졌지만 '이 유골은 버려서는 안 될 것 같다. 지금은 일본과 한국이 국교가 정상화 되지 않았으나 언젠가는 일본인들이 한국에 오게 될 것이고 그렇게 되면 그것을 찾을 것이다. 또 승려로서 아무리 적국의 유골이라 할지라도 그 유골을 다 버린다는 것은 나중에 그 후손들이 찾을 때 문제가 될 것이다'라는 생각이 들었습니다.

그래서 동국대 총장과 협의하여 그 유골을 화계사 명부전에 모시기로 했습니다. 달마회 몇 사람과 의논하여 모두 곽에 넣어서 4천여 구의 유골을 화계사 명부전에 이전하여 놓았습니다. 그랬더니 기다렸다는 듯이 반년 후에 국교정상화가 되어 일본의 기시 수상이 왔습니다. 신문기자에게 우리 화계사에 일본인 유골 4천여 구가 있다고 알리자, 일본의 유명한 아사이·요미우리 등의 신문에 크게 보도 되었습니다.

그 소식을 듣고 일본의 장관급 인사들까지 화계사로 몰려왔고 가족의 유해를 부둥켜안고 울기도 했습니다. 그 유해의 발견은 국교정상화에 큰 역할을 했던 것입니다. 일본은 정식으로 스님들과 정치인들을 보내 유골을 인수해 갔으면 했고, 한국에서도 일본에 흩어진 동포들의 유해를 찾아왔습니다. 그러니까 양국 간의 유해 교환이 지울 수 없는 역사의 한 점을 지우듯 이루어진 것이었습니다.(『숭산행원 선사 전서』, 「가는 곳마다 큰스님의 웃음」, 숭산 행원선사 문도회 엮음, 불교춘추사, 2001.
pp.54~55)

물론 이 행사에서 숭산 스님은 중요한 임무를 맡았다. 그 때가
1966년의 일이다. 앞의 중구청 서본원사 관련 자료에 비해 숭산 스님
회고담으로 유해 관련 사실은 좀 더 자세하게 파악할 수 있다. 두 자
료에서 보이는 64~66년의 일들은 각각의 근거를 가질 수 있으므로 별
문제가 되지 않는다. 여전히 알 수 없는 문제는 유해 발견의 계기이
다. 앞 중구청 자료에서는 '교사의 신축을 위해 서본원사를 철거하던
중 … 납골당에 봉안되어 있던…'이라 하였고, 뒤의 숭산 스님 자료에
서는 '이 건물을 헐어서 집을 지으려다 보니 지하실에서 일본군의 유
골…'로 되어 있다. 약간씩 표현의 차이가 있지만 양자는 결국 동일한
사실에 바탕 한 것이다.

문제의 요점은 1964년에 교사 또는 집을 짓기 위해 서본원사를 정
비하는 작업이 실제로 있었던가 함이다. 그러나 그 무렵 기원학사에
서 생활했던 사생들에게서도 신빙성 있는 자료나 증언은 들을 수가
없었다. 그러함에도 불구하고 유해 발견과 그 이후 한·일 양국의 상
호 유해 송환 및 숭산 스님의 재일(在日) 홍법원 설립 포교 등은 분명
한 사실이다. 이렇게 전모를 석연하게 파악할 수는 없지만 서본원사
에 안치되었던 유해의 발견 사실은 서본원사와 기원학사의 또 다른
인연 관계를 새삼 생각해보게 한다.

3

초동 시절의 전설들

사람들이 동일한 공간에서 동일한 목적성을 공유하며 오랜 시간을 공동으로 생활해 온 역사에는 으레 전설이 있게 마련이다. 기원학사의 세월 속에 형성된 많은 이야기들이 바로 그러하다. 그것은 실제로 있었던 일이기도 하고 혹은 저마다 의식 속에서 각색된 스토리일 수도 있다.

그 진위 여부보다 중요한 것은 그러한 전설이 공동체의 생활에서 어떻게 기능해왔는가 함이다. 그런 관점에서 암암리에 전승되는 삽화들은 그 실제적 효용성의 여부를 떠나, 그것들이 함의하고 있는 전통의 진정성을 읽어낼 수 있는 아름다운 자취들임이 분명하다. 실제로 있었던 사실임에도 이 또한 얼마쯤은 전설화된 내용으로 기억된다는 것 또한 기원학사의 존재 의미를 그만큼 더 인상 깊게 각인하고 있음에서이다.

못 말리는 열정들

『동대 70년사』에는 선무부 활동에 대한 다음과 같은 설명이 있다.

선무부(禪武部)는 1955년 11월 1일 불교학과 학생들이 중심이 되어 불교 이상 구현의 일 방편으로서의 심신 연마에 목적을 둔 한 모임에서 비롯되었다 … 불교 수행에 있어서는 정신 단련도 중요하지만, 신체 단련도 소홀할 수가 없다. 심신이 함께 건전함으로써 인격 완성을 기할 수가 있다. 불법은 정법이므로 올바른 수행에는 반드시 그에 따른 정법의 호지(護持)가 있어야 하고, 그러기 위해서는 갖가지 외적인 방해와 장애에서 정법을 지킬 수 있어야 할 것이다.
우리는 이미 이 호법의 상징으로 제천신상(諸天神像)을 많이 보게 된다. 이는 사악의 무리가 정법을 침해하는 것을 막고 보호하고자 하는 정신에서 표현된 것이지만, 실제에 있어서 사악을 물리치고 정법을 지키는 데는 인간적인 힘이 필요한 것이다. 특히 현대처럼 복잡한 때일수록 더욱 수행자에게 정법호지를 위해 무술의 연마가 필요한 것이라고 당시 창설 맴버였던 김해동(55년 입학)·박동기(55년 법학과 입학) 동문들은 말하고 있다.

당시 선무부의 타과 학생에게로의 확대 발전과 방학 중 사찰 수행 및 합동 수련 등을 소개하고 있는 이 설명에서, 주목되는 인물은 선무부 활동에 더욱 적극적이던 박동기 동문이다. 법학과를 졸업하고 다시 불교과에 편입학한 박동문의 선무도에 대한 실용주의적 신념은 간단명료하다. 그것은 '정신과 신체의 겸전(兼全)을 통한 인격 완성—정

법외호의 이념 자각－사악을 물리치고 정법을 지키기 위한 무술 연마'
로 요약해 볼 수 있다.

법학과 재학 중에도 이미 기원학사에 자주 왕래하던 그는 불교학
과 입학과 함께 기원학사에 정식으로 입사했고, 이내 선무도 수련의
강권(强勸)에 나섰다. 그 무렵 이미 선무부에 가입한 사생들도 있어서
일부 호응하는 분위기도 없지 않았다. 그러나 정신적인 신심 못지않
게 육체적으로도 강인한 불교인이 되어야 함을 강조하는 그의 방향에
모두가 동의하는 것은 아니었다. 더구나 무술 연마 등 육체 활동에 크
게 관심을 두지 않는 사람들도 있게 마련이다.

이 같은 기원학사 내 전체 분위기와는 상관없이 그는 매일 아침
후배들을 집합시켜 직접 인솔하며 마치 군부대 병사들처럼 구보를 강
행하였다. 초동 기원학사에서 출발하여 필동의 비탈길을 지나 명진관
뒤편 남산까지의 왕복 구보는 결코 쉬운 거리가 아니었다. 특히 운동
자체를 좋아하지 않는 후배들에게는 그 취지의 타당성 이전에 그 훈
련은 난데없는 기합으로도 여겨졌다. 이런 분위기로 인해 그의 강제
집단 구보는 다수의 사생들로부터 곧 반발을 샀고, 결국 중단할 수밖
에 없었다. 아끼는 불법의 동지와 후배들을 강인한 불교인으로 인도
하고자 하는 박동문의 뜻은 순수하고 훌륭한 데가 있었지만, 결국은
과도한 열정이 문제였다.

그러나 더욱 중요한 것은 과도했지만 청청하던 이같은 열정이 결
코 이 정도에서 멈추지는 않았다는 사실이다. 그것은 이후 박동기 동
문의 불교활동들에서 또 다른 열정으로 분출되어 갔다. 그 가운데서
도 특히 주목되는 것은 국제불교활동의 개척 부분에서 그가 보여준
남다른 안목과 역할들이다. 법학과 졸업 후 다시 불교학과에 편입하

여 1961년에 졸업한 그는 1965년부터 1984년까지 20년 동안은 불교
청년운동에 헌신하였다. 다시 박동기 동문은 불교활동의 세계화 추세
를 의식하면서 1975년에 동지들과 함께 세계불교도우의회 한국지역
본부(WFB Korea Religional Center)를 설립하고 한국본부 회장을 맡았
다. 이어 이 단체가 WFB세계본부에 가입하면서부터 그는 한국본부
회장 겸 세계본부 부회장이 되었다. 이로써 한국불교는 국제적인 불
교조직의 일원으로 그 활동의 외연을 더욱 확장해갈 수 있었다.

그 구체적인 예가 1993년에 박동기 동문이 주동이 되고 김철 동문
등 3인이 부회장을 맡아 한국에서 함께 시작한 국제오계파지(把持)운
동(IPM : International Pancasila Samadaniya Movement)이다. 이때부터 그
는 오계파지운동국제본부 회장으로서, 보편적 지구 윤리의 모델이자
인류의 새로운 윤리운동으로서의 승화를 염원하면서 오계파지운동을
적극 전개하였다. 그 활동의 일환으로 먼저 WFB 본부에 이 운동의
협력을 제안하였고, 1998년 WFB 정기대회에서 이를 공식운동으로 채
택하였다. 이때 오계파지운동분과가 WFB 특별분과위원회로 설치됨
으로써, 이 운동은 현재에도 여전히 지속되고 있다.

그 밖에 박동기 동문의 국제적인 불교활동 가운데 빼어놓을 수 없
는 것이 티베트 불교의 정신적 지도자 달라이라마14세의 한국방문 주
선 노력이다. 그는 이미 1990년도부터 이 문제에 관심을 두고 인도를
방문하며 노력해왔다. 그후 1996년에는 오계파지운동 국제본부장으
로서 다시 인도 다람살라를 방문하여 티베트 망명정부의 각료들을 만
나 협의하고 두 차례에 걸쳐 달라이라마를 친견하면서 한국 방문을
구체적으로 약속 받기도 하였다. 물론 국내 사정 및 국제 정치적인
문제 등의 장애로 인해 달라이라마의 방한은 아직도 실현되지 못하고

있다. 그러나 불교학과 졸업 후 모교에서 직원으로 근무하며 체육실장·총무처장 등 비중 있는 보직을 수행하는 가운데서도, 이처럼 국제 불교활동에 바친 박동기 동문의 열정과 노력은 충분히 인정받을 수 있을 것이다.

2004년 미국 LA에서 향년 69세로 타계한 그는 불교활동의 의욕을 끝까지 멈추지 않았다. 이런 박동기 동문의 한국불교 국제화 원력과 열정은 현재에도 기원학사의 후배들에 의해 기억되면서 어느 정도는 그 전통이 이어지고 있다. 김형태 동문(65년 졸업)의 WFB 산하 세계불교대학 운영위원, 고순호 동문(69년 졸업)의 WFB 한국본부 이사, 김용표 동문(78년 졸업)의 박동기 선배의 WFB 산하 세계불교대학 운영 참여, 국제오계파지운동 회장 등 중요역할의 담당 등이 그러하다.

다시 기원학사 사생들의 못 말리는 열정으로 돌아왔을 때, 여전히 잊히지 않는 옛 기억들은 지금도 입가에 미소를 짓게 한다. 60년대 후반 무렵에는 이런 사생도 있었다. 선무도에 합기도까지 더해 합하여 몇 단인가 하는 유단자였고, 드럼을 잘치고 불같은 성격에 자상함까지 갖춘 그는 한 마디로 상남자였다. 아침예불을 마치고 나면 그는 이른 시간에 벌써 밖에 나가 주변을 청소하고 후배들과 함께 힘찬 구령에 맞추어 선무도 수련을 시작한다. 이는 이따금 기원학사에 시비를 걸어오기도 하는 주변의 거친 사람들에게 미리 주의를 환기시켜 두는 효과까지도 겸한 것이었다.

그런 수련이 끝나면, 그는 자주 엉뚱하게 구두닦이 통을 메고 나와 현관 앞에 자리를 잡고 앉아 구두를 닦기 시작한다. 자신의 것이 아니라 선후배의 것을 가리지 않고 모든 사생들의 구두를 가져와 광을 내가며 말끔하게 닦아 놓는다. 그런 다음에는 구두 주인을 찾아다니며 일일이 수금을 했는데, 그 품삯이 시중가격에 버금갔다. 매번 억지로 닦는 것이지만, 당시 선배든 후배든 구두 미화 대금을 내지 않는 사람은 없었다.

그리고 아침 식사를 마치고 나면 등교하는 시간이다. 학교까지는 대부분 걸어서 다니는 편이지만 간혹 몇 명씩 함께 택시를 타기도 한다. 그럴 때마다 거의 예외 없이 미리 택시비를 내는 사생이 바로 그였다. 초동 상남자의 이 같은 면면 또한 당시 기원학사의 한 재미있는 풍경이기도 했다.

기원학사는 우리가 지킨다

1960년대 중반 이후 기원학사의 운영 및 자체 활동에서는 그 이전과는 다른 변화의 모습들이 두드러진다. 학교에서 임명하는 사감의 행정적 임무나 영향보다는 학생 대표로서 사생장의 역할이 더 큰 비중을 갖게 되고, 동시에 사생들의 주체적 의지와 자율성 또한 점차 증대되고 있었다. 상급학년으로 목정배(62년 졸업)·박광도(65년 졸업) 등이 함께 생활하던 그 무렵, 사생장을 중심으로 진행되던 크고 작은 시도 그 자체가 주체적 역동성을 보여주는 일들이었다.

기원학사에서 아침예불은 그 자체로서 신행 생활의 상징이었다. 이런 예불과 함께 한 동안 전에 없던 순서가 더해졌던 시기가 있었다. 즉 예불에 이어 사생 모두가 함께 사가(舍歌)를 부르고, 사훈(舍訓)과 실천 강령을 차례로 외치며 불교인으로서의 신념과 결의를 다짐한 것이다. 입학 후 졸업이 많이 늦었던 개성 뚜렷한 박광도 동문이 사생장으로 있던 1965년의 일이다.

그때 불렀던 사가는 목정배가 가사를 쓰고 그의 친구인 작곡가가 곡을 붙였으며, 사훈과 실천 강령은 박광도 사생장이 직접 정리했다 한다. 그러나 모처럼의 의욕적인 시도였지만 무슨 이유에서인지 그것이 오래 지속되지는 못하였다. 그 짧은 실행 기간 때문인지 옛 동문들은 '그때 참 좋았다'는 막연한 감회 외에 구체적인 내용을 기억하는 동문은 찾지 못하였다. 그 시절의 기상과 정서를 짐작해 볼 만한 사가·사훈·실천강령의 내용까지는 아쉽게도 끝내 확인할 수가 없었다.

60년 가까운 세월이 흐른 뒤의 일들이니 쉽게 기억하기 어려운 것처럼, 1965년 그 해에 발생한 중대한 사태가 또한 그러하였다. 당시의 판단으로는 그것이 어쩌면 장차 기원학사의 존속 문제와 관련될 수도 있는 일이었다. 1965년 당시 '동국대 기숙사를 속히 철거하라'는 구호를 내건 주변 피난민들의 영문을 알 수 없는 집단 항의가 있었고, 오래지 않아 동국학원에서 기원학사를 매각한다는 소문이 돌았다. 갑작스러운 이 같은 일의 발생으로 아무런 사정도 모르는 사생들의 동요 또한 불가피하였다. 그러나 주민들의 집단 항의 사태의 원인은 오리무중이었다. 학교 측의 어떤 설명도 없었으며, 이런저런 소문만 떠돌 뿐이었다.

따라서 당시의 상황을 가정하고 단순하게 추측해 본다면, 다음과 같은 가설을 세워볼 수 있겠다. ① 그 동안 중앙총무원이 적산사찰을 완전히 불하받지는 못한 상태였다. ② 동국대가 일정한 사용료(임대료)를 국가에 납부하면서 건물을 사용해 왔으나, 장기체납의 문제가 발생하였다. ③ 이에 재단에서는 서본원사 터의 매각을 계획하고 있다는 정도이다. 이는 아무런 자료도 근거도 구할 수 없는 처지에서 막연하게 추정해본 것일 뿐이다. 그러나 당시 재단법인과 학교당국이 기원학사의 입장이나 의지와는 상관없이 무엇인가 일방적으로 추진하는 사안이 있었던 것은 분명해 보인다.

어쨌든 이 사태의 속사정과 그 진행 과정에 관해서는 여기에서 굳이 밝혀 거론할 필요는 없는 일이겠다. 다만 요점을 말하면, 사생장 등 기원학사 사생들의 동요와 직접 개입으로 대책 없이 기원학사가 매각되어 버리는 일은 발생하지 않았다는 사실은 미리 강조해두어야 하겠다.

먼저 이 사태에 직면하여 박광도 사생장을 중심으로 김춘배(63년 졸업)·김삼현(65년 졸업)·이원주(65년 졸업)·강건기(66년 졸업) 등이 앞장 서서 행동에 나섰다. 재단이사장·총장·총무원장을 방문하면서 사태의 내용을 파악하는 한편, '기원학사 유지를 위한 탄원서'를 올렸다. 그러나 이 같은 심각한 움직임에도 서본원사 터의 매각과 관련한 어떤 확답이나 대체 방안을 들을 수 없었던 사생들은 할 수 있는 최선의 방법으로 다시 대외적인 실력행사까지를 고려하게 된다.

전 사생이 함께 나서서 서본원사 터의 매각을 반대하고 기원학사의 존속을 위해 행동하는 것은 뜻이 다른 데 있지 않았다. 그것은 단지 기숙사가 없어짐으로써 받을 불이익 때문에서가 아니었다. 또한 재산적 가치로서의 그 공간에 대한 욕심에서가 아님은 더더욱 분명했다. 학생들이 기원학사의 유지를 탄원하고 완강한 실력행사까지도 서슴지 않은 것은 한마디로 불교를 배우고 진리를 닦는 도량으로서 기원학사에 대한 자긍심과 주인의식의 발로였다고 말할 수 있다. 그리고 '기원학사는 우리가 지킨다'는 불교학과 학생들의 이 같은 주인정신은 그대로가 동국대학교의 실제적인 역사의 핵심이기도 하였다.

그리하여 사생장의 주도 하에 사생들은 버스까지 동원하여 중부세무서를 찾아가 항의하는 실천 행동에 돌입하였다. 그러나 막상 당시 사생장 박광도 본인이 세무서 항의 방문의 구체적인 이유에 대해서는 기억하지 못하고 있었다. 이에 혹시 적산사찰의 사용료 장기체납 관련 조치 때문이었을지도 모른다는 추정을 해볼 뿐이다.

사생들은 세무서에서도 아무런 소득이 없자, 항의 버스를 돌려 다시 정부 부서인 경제기획원까지 방문하여 기숙사가 없어질 수도 있는 학생들의 사정과 입장을 밝히기도 하였다. 국민경제의 부흥 및 개발에 관한 종합적 업무를 관장하던 경제기획원 공무원은 학생들의 입장과 그 열성에 오히려 호감을 느꼈던 것 같다. '이는 국가기관과는 무관한 문제이니, 학생들이 직접 부딪쳐 보라'면서 도움 될 만한 구체적인 방법까지 친절하게 조언해 준 것으로 당시 사생장은 회고하고 있다.

이에 따라 마침내 유효한 실력행사가 기원학사에서 이루어졌다. 매각을 위한 전단계로서 기원학사 지역을 측량하는 날, 고맙게도 공무원이 조언해준대로 전 사생이 함께 이들을 몸으로 막아 측량 작업 자체를 무산시킨 것이다. 당시 사생들의 집단 방어와 강력한 항거가 어떤 실제적인 효과를 거두었는지는 알 수 없다. 그러나 사생들이 온 몸을 던지는 격렬한 저항 이후, 기원학사 매각 문제는 한 동안 별다른 움직임도 없이 잠잠하였다. 그 후 1년 만에 동국학원과 학교당국은 기원학사의 안암동 이전 계획을 수립하였고, 그 이듬해 12월에는 안암동 개운사 인근에 새 기원학사 신축공사가 시작되었다.

뜻 깊은 초파일 봉축 행사

사생장과 사생들, 선후배가 한 모습으로 단합된 기원학사의 역동성은 그 이후로도 여러 가지 뜻 깊은 활동과 행사들로 이어져 갔다. 서윤길(68년 졸업)이 사생장을 맡고 있던 1967년의 기원학사 법우회 창립과, 그해 부처님오신날의 의미 있는 봉축 행사는 그 대표적인 예가 된다. 다만, 기술(記述)의 편의상 법우회 창립의 문제는 뒤에서 다루기로 하고, 여기에서는 봉축 행사만을 살펴보기로 한다.

부처님오신날은 모든 불자들에게 가장 성스럽고 중요한 날로서 각종 행사들을 베푼다. 기원학사에서도 마찬가지이지만, 특히 그 해에 착안하고 기획한 봉축 행사들은 여느 해와는 달랐다. 총장이 봉축 행사에 참석할 정도의 처음 있는 행사 비중 외에도, 각별한 의미를 부여할 만한 소박한 행사들이 진행된 것이다. 이날 봉축 법회의 참석을 위해 기원학사를 방문한 조명기 총장은 부처님오심을 함께 봉축하고 기원학사 사생들의 신심과 정성을 크게 치하하였다. 불교학과 교수인 총장의 봉축 법회 동참과 격려는 학내에서 기원학사가 갖는 위상을 새삼 확인하는 계기가 되었다.

그밖에 사생장의 주도 하에 처음 시도하는 부처님오신날 봉축 행사들이 차례로 이어졌다. 그 중에서도 기원학사 주위에 살면서 평소 서로가 크고 작은 갈등과 불화로 불편하게 지내오던 피난민 등 엑스트라와 부랑인들까지 모두 초대하여, 정성껏 음식과 다과를 대접한 것은 학생들이나 그들에게도 특별히 의미가 있는 행사였다. 물론 이같은 일회성 행사 한 번으로 양측의 맺힌 감정이 금방 풀릴 일은 아니었다. 그러나 기원학사 사생들이 먼저 내민 정성과 화해의 손길은 이후 서로간의 마음가짐과 이해에 좋은 계기가 되었던 것은 분명하였다.

또 이 날 행사로는 삼선동 정각사의 광우 주지스님(52년 입학)이 기원학사를 방문하여 후배 학생들을 위해 정성이 깃든 대중공양을 베풀고, 장학금을 전달하는 일도 있었다. 그밖에 사생들은 몇 명씩 조를 이루어 봉축 행사 중인 서울시내와 인근의 각 사찰을 돌며 모금 활동을 하였다. 이렇게 해서 모인 이 날의 적지 않은 보시금은 어려운 고아원과 양로원에 전액 기부할 수가 있었다. 사생장과 사생들이 함께 마음을 모아 정성을 들인 이 날의 모든 순서들은 작지만 참으로 부처님오신날에 올리는 따뜻하고 뜻 깊은 봉축 행사였다.

학생들, 잘 가요~

이렇게 많은 우여곡절과 추억이 깃든 초동 기원학사의 석연치 않은 이전 문제를 사생들의 순수한 의지와 기대만으로 멈추게 할 수는 없었다. 1969년은 기원학사 초동 시대의 마지막 해였다. 1학기 학사 일정을 마치고 나면 이미 완공되어 있는 새 환경의 안암동 기숙사로 옮기게 된 것이다.

기숙사 이전과 같은 문제는 기본적으로 재단이나 학교당국의 경영적 차원의 문제이다. 그러나 그것이 교육기관의 업무이며 더구나 불교종립대학에서 불교학과 기숙사의 이전 문제라는 점에서, 단순히 경영논리만으로 결정할 수만은 없는 측면도 있을 것이다. 따라서 재단과 학교 기원학사 사생 및 동문들에 이르기까지, 서로 다른 의견의 조율과 반영은 당연한 일이다. 모두가 종립대학의 구성체로서 선의의 목적성을 공유하고 함께 지향함을 전제로 한다면 더욱 그러하다.

앞에서 언급했지만, 1965년에 초동 서본원사 터 매각 문제가 갑자기 불거지면서 기원학사에는 상당한 동요가 있었다. "무단 점거한 피난민들과의 대립 등 순탄치 못한 조건 속에서, 학생들이 피땀 흘려 지켜온 기원학사가 이로써 없어질지도 모른다는 불안감 때문이었다."고 당시 사생장이던 박광도 동문은 증언하고 있다. 그러나 이 부분과 관련하여, 앞의 『동대 70년사』 '1. 연혁 개관 중 태동기' 첫머리 부분에서 본 기술은 매우 단순하게 나타나 있다.

(기원학사는) 사생들이 수도(修道)하며 학업을 계속하기에는 심히 부적합한 환경이어서 학교당국은 물론 종비학생(宗費學生)에 대하여 비상한 관심을 기울이고 있는 동국학원에서는 그 타개책에 부심하였다. 이 기숙사 문제를 놓고 재단 측과 학교당국이 누차 숙의한 결과 당시 이사장 김서운스님의 주장에 따라 초동의 토지를 매각하고 안암동에 있는 개운사 경내를 신축지로 택하여 그 신축을 추진하였다. 초동 기원학사의 매각 대금 일부가 학교 건설 사업에 전용(轉用)되어 사생 일부에서 다소 논란이 없었던 것은 아니다. 그러나 1966년 4월 말까지 1차년 계획을 끝내고. 1967년 12월에 안암동 현장에서 기공식을 거행하고 공사를 서둘렀다.

이상의 요지가 내용의 전부이다. 이 같은 내용만이라면 앞서 짚어본 바의 1965년도 사생들의 동요와 반발은 더욱 이해하지 못할 집단 행동으로밖에 보이지 않는다. 그것은 어쩌면 전설일 수도 실화일 수도 있으나, 당시 사생들의 기원학사에 대한 애정과 절실한 소망의 결집을 보여준 순수한 행동이었음은 분명한 일이다.

어쨌든 이런 과정을 거쳐 안암동 새 기숙사는 1969년 5월에 완공되었다. 드디어 1학기 학사 일정을 모두 마친 6월 말경, 사생들은 이

삿짐을 챙겨 용달차를 이용하는 등 각자의 방법으로 나누어 초동을 떠나기로 하였다.

이날 기원학사 학생들이 이사한다는 소식을 듣고 나와 구경하던 몇몇 낯익은 주민들은 "학생들, 잘 가요~" 하고 손을 흔들어 주기도 하였다. 또 가까운 중부경찰서의 흰색 지프차도 어느새 근처에 와 있었다. 예전이었다면 피난민과 학생들의 집단 싸움 때문에 출동했을 것이지만, 이날은 경찰과 형사들도 긴장 없이 느긋한 미소로 바라보고 있었다. 늘 성가신 문제를 야기하던 학생들이 초동을 떠난다니 마음이 놓여서만은 아닌 것이 분명한, 어떤 정리(情理)의 감회가 오고갔다. 그들 또한 호쾌하게 "학생들, 잘 가요!"하고 인사를 건넸다.

새삼 생각하니, 서로 얼굴 붉히며 싸울 때도 많았지만 그것은 스쳐 지나가는 한때의 경계일 뿐이다. 조금만 마음 기울여 생각해보면 우리들 모두는 서로 이해하고 받아들여야 할, 한 시대의 삶을 함께하는 소중한 인연 속의 이웃들이었다.

4

기숙사비 '쌀 서말'의 추억

　기원학사를 안암동으로 옮겨온 이후에도 그 운영 제도는 물론 생활 규칙과 활동 방식 등이 특별히 달라진 것은 없었다. 사감 보직자 임명, 기숙사의 학생자치적 임원 구성, 공동체적 생활 규칙과 행동 방식 등이 모두 그대로였다. 다만 약간의 변화가 있다면 사감의 보직이 학교 행정직원에서 불교학과 교수로 바뀐 정도였다. 그 동안 학교에서는 총무처나 학생처 소속의 비교적 연륜이 있는 행정직원을 사감으로 임명해 왔다. 그러나 기원학사에서 사감이 실제로 맡아 하는 업무는 별로 없는 편이었다. 그만큼 사감 직책은 유명무실했다 할 수 있는데, 이제 불교학과의 소장층 교수가 그런 사감직을 수행하게 된 것이다.

　안암동 기원학사에서 첫 번째 사감 보직은 이재창 교수가 맡았다. 학과 소속 교수사감에 대한 사생들의 입장은 직원사감을 대할 때와는 아무래도 같을 수가 없었다. 더구나 기원학사 선배동문인데다가, 강의실과 캠퍼스에서 늘 접하는 사제(師弟)인 만큼 조심스럽거나 혹은 친숙한 관계로 여겨졌기에 심정적으로 한결 편안했다. 또한 학과 교수가 사감을 맡기 시작한 이후에도 기숙사 운영계획 등에 있어 특별한 변화는 없었다.

긍정적으로 표현하자면 기원학사는 마치 하나의 친족 집단과도 같았다. 소수이지만 듬직한 대학원생들도 함께 생활하고 있었고 사생임원들 또한 교수사감에 대해서는 친숙한 제자들로서의 공손한 태도와 예의를 갖추었다. 따라서 업무 일체를 자율에 맡겨두는 것으로 기원학사 운영 및 관리가 원만하고 순조롭게 이루어 질 수 있었다.

한편 자치적인 사생임원진 구성과 운영 역시 초동 시대와 같았다. 3학년이 되면 동기생끼리 서로 협의하여 사생장·총무·미감의 3직을 구성하는 일에서부터, 이들 임원진이 학교 관련 업무를 비롯하여 사내의 크고 작은 일체 업무를 분담 수행하였다. 이들 임원의 역할은 모두가 중요하였지만 그 중에서도 미감의 업무에는 유독 스토리가 많았다. 초동에서나 안암동에 와서도 그 사정 또한 비슷하였다.

'미감(米監)'은 매월 사생들로부터 정해진 사비(舍費)를 걷고 집행하는 일이 주요 업무이다. 하지만 그 일이 생각보다 쉽지가 않았던 것이다. 당시 정해진 월 사비는 언제나 변함없이 '쌀 서말' 값이었다. 쌀 24kg 정도에 해당하는 금액이 되겠지만 쌀 종류가 워낙 다양하고 값도 제 각각인 현재 시점에서 그 금액을 산정해 말하기는 어렵다. 다만 70년대 초 당시 사생들의 '월 1,800원'이라는 기억을 참고로 해보면 사비의 수준을 짐작해 볼 수는 있다.

기숙사비 '쌀 서말'의 규정은 절집안의 오랜 관례로, 특히 옛날 강원에서부터 그렇게 해왔다. 강원에 학인들은 대개 각자의 소속 본사에서 공비장학금을 받거나 혹은 은사스님으로부터 학자금을 지원받았다. 쌀 서말 값과 함께 별도로 정해진 찬값을 내는 경우도 있었다. 이런 전통은 석전 스님의 대원암 강원에서도 실행했던 것으로 나타난다. 절집안의 고유한 전통인 '쌀 서말' 제도가 그 당시의 대학 기숙사에서도 적용되고 있음은 매우 흥미로운 일이다.

그러나 애초부터 기원학사가 지방에서 서울로 유학 온 청년학승들의 숙식 등 생활을 위해 마련된 것임을 생각한다면, 이는 자연스러운 고유의 전통임을 이해할 수 있다. 예로부터 농경사회 중심이던 우리나라에서 가격 책정을 금본위가 아닌 쌀 본위로 해 온 사회문화적 전통에 연유한 것으로 볼 수 있기 때문이다. 따라서 경리 담당 직책명을 쌀관리를 의미하는 '미감(米監)'으로 일컫는 바도 이해된다.

그런데 여기서 문제는 이 월사비를 제때에 내지 않는 사생들의 경우이다. 많은 숫자는 아니지만 쌀값을 제때에 내지 못하는 사생이 있었고 심하게는 몇 달씩 연체하는 사생이 간혹 나오기도 하였다. 사정이 이러했으므로 이 문제는 제 때 월사비를 내지 못하는 사생이나 현실적으로 일을 처리해야 하는 미감에게는 다 같이 곤혹스런 일이었다. 마음이 여린 어느 미납 사생은 공양 시간에 아예 방에서 나오지 않는 일이 있는가 하면, 누구는 한 학기 이상을 미납하고서도 모른 체하고 버티며 공양 생활을 하기도 하였다. 이에 어느 미감 소임자는 부득이 장기 미납자들을 대중공양에서 배제시키는 조치를 취한 적도 있었다. 그러나 이런 조치를 결행한 소임자도 편한 마음일 리는 없었다.

뒷날 그는 당시의 행동이 치졸했음을 부끄럽게 기억하며 차라리 그때 모두 함께 굶는 것을 제안했어야 한다는 후회를 지금도 하고 있다. 이 모두가 반백년도 더 지난 일들이다. 지금에는 이 또한 옛 시절 한때의 그리운 추억으로 떠올릴 뿐이다. 다행히 학교에서는 기원학사의 부식비를 책정하여 일정액을 매월 지원하였고, 안암동에서도 그 지원은 변함이 없었다. 부득이 쌀값을 내지 못하는 사생들의 안타까움을 적정한 선에서 안고 함께 갈 수 있었던 것도 바로 이 같은 학교의 고마운 지원이 있었기 때문에 가능하지 않았던가 싶다.

이 같은 문제들과 관련하여 한 가지 꼭 덧붙여 두고 싶은 새삼스러운 기억도 있다. 기원학사 생활 중에 형편이 어려워 쌀 서말 값을 제때에 내지 못하고 어렵게 학교를 졸업한 동문 가운데 있었던 후일의 일화이다. 기원학사에서는 여름과 겨울 기간의 방학 중에는 식당이 쉬게 된다. 그래서 식당 조리원 아주머니도 방학 중에는 휴가를 갈 수 있었다. 그러나 기숙사 자체가 문을 닫는 것은 아니어서 몇몇 사생들은 방학이 되어도 마냥 기원학사에서 지내고 있었다.

사정들이 각기 다르겠지만 돌아가야 할 곳 보다는 기원학사가 더 자유롭고 편했기 때문일 것이다. 그럴 무렵이면 가끔씩 기원학사에 들러 방학 중에도 남아 지내는 후배들을 둘러보고 가는 선배들이 있었다. 그런 선배가 별다른 말없이 돌아간 뒤에는 기원학사 인근의 동네 쌀집에서 자전거 배달이 오곤 하였다. 밥도 짓지 않는 기원학사에 남아 지내는 후배들을 위해 선배가 보내주는 애틋한 '사랑의 쌀' 배달이었다.

졸업하여 기원학사를 떠난 선배라곤 하지만, 그 자신 또한 아직도 자기 일을 성공적으로 찾지 못해 안정된 직장에 취업하지도 못한 처지임을 후배들도 잘 알고 있었다. 안암동 기원학사에서 있었던 이런 일들은 수십 년이 지난 지금도 기억하는 사람들의 가슴에 뜨겁게 남아 있다. 이는 초동 기원학사 생활에서와 마찬가지로 변함없이 이어지는 선후배 간의 깊은 교감이며 가슴 뭉클한 정이기도 했다.

5

새벽 도량석의 포크송

　안암동 시대의 기원학사 운영 및 생활 방식이 초동 시대의 그것과 크게 달라진 것은 없었지만, 그런 가운데서도 어느 정도의 차이는 느낄 수가 있었다. 물론 그것을 뚜렷하게 지적해 말하기는 어렵다. 그러나 안암동에서 입사한 사생들의 사고와 행동에서는 그 이전의 사생들에 비해 무엇인가 다른 분위기가 묻어났다.

　이는 어느 정도의 세대 차이도 있지만 어쩌면 각자가 살아온 생활 환경에서 기인하는 현상일지도 모른다. 피난민들의 판잣집에 둘러싸여 낡고 어두운 옛 일본절에서 생활해 온 세대와, 이른바 현대식 2층 건물의 쾌적한 새 기숙사 시설에서 대학 생활을 시작하는 세대의 사고와 행동 방식은 당연히 서로 같지 않은 면이 있을 것이다. 초동에서 옮겨 간 선참세대와는 달리 안암동 입사세대의 경우, 그들의 사고와 행동은 분명 다른 데가 있었다. 이는 막연한 선입견이나 과거 집착에서가 아니다. 기원학사에서 함께 경험했던 몇 가지 의외의 해프닝들에서 그것을 실감 할 수 있었다.

70년대 초의 일이다. 전 사생이 함께 참석하는 6시 아침예불을 위해서는 당번을 맡은 주로 1학년생이 미리 도량석(道場釋)을 하도록 되어 있었다. 사생들은 이 도량석을 듣고 잠자리에서 일어나 법당예불에 참석할 준비를 한다. 이 또한 초동에서도 지켜오던 규칙이다. 주지하다시피 도량석이란 절에서 하루 일과 중 첫 순서이다. 그것은 수행도량을 깨끗이 한다는 의미와, 만물과 모든 중생을 깨운다는 의미로 도량을 돌면서 천수경·반야심경 또는 법성게 등을 목탁소리에 맞춰 외우는 의식이 아니던가.

그런데 이 날의 도량석은 한 번도 들어본 적이 없는 이상한 내용이었고, 목탁소리의 느린 템포 또한 평상시와는 같지가 않았다. 당번이던 1학년 사생이 읊고 있는 것은 뜻밖에도 염불이나 게송이 아닌, 유행가요 '꽃반지 끼고'였다. 그 무렵 젊은 사람들에게 크게 인기를 모았던 여가수의 포크송이었다. 당번은 1층과 2층의 긴 복도를 오가며, 마치 염불을 외우듯 진지하게 목탁을 두드리며 노래를 부르는 일탈의 '가요 도량석'을 끝냈다.

문제는, 별일 없었다는 듯이 예불까지도 모두 마친 다음에 일어났다. 선배학년의 날선 질책에도 새벽부터 문제의 주인공이 된 신입 사생은 크게 당황함이 없었다. '도량석 당번 날이 되었는데 아직 외울 수 있는 염불은 없고 안 할 수도 없으니, 그렇게라도 하게 되었다'는 것이다. 제 나름의 내세울 만한 이유와 함께 웬만큼은 진실성이 있어 보이는 해명이었다.

그러나 후배세대의 새로운 경향이든 한 개인의 별난 행동이었든 간에 이 일은 그것으로 끝나지 않았다. 마지막 절차로서 '학년 줄빳다'를 피하지는 못한 것이다. 새 변화와 옛 관습은 아직 그렇게 교차되고 있었다. 이 같은 해프닝을 기원학사에도 예외없이 불어 닥친 젊은 세대들의 의식과 태도 변화의 한 모습으로 이해할 여지는 충분하다. 그러나 이는 기원학사의 정통성에 사뭇 심각한 고민의 실마리가 되기도 했던 것도 사실이다.

6

주육(酒肉) 질펀한 경로잔치

70년대 중반의 일로서 어느 해 부처님오신날에 벌인 경로잔치의 문제이다. 이야기의 발단은, 봄이면 기원학사 주변 숲에 흐드러지게 피는 아카시아 꽃과 벌꿀에서 부터이다.

기원학사가 들어서기 이전부터 이 주변에는 매년 벚꽃 피는 철에 맞추어 벌꿀을 채취하는 노부부가 있었다. 이들은 기원학사가 들어선 뒤에도 해마다 찾아와 꿀을 땄고, 차츰 학생들과 친해지면서는 아예 기숙사 마당 한 쪽과 창고까지 잠깐씩 빌려 쓰는 일도 있었다. 그러던 중 노부부가 벌꿀 채취를 마치고 떠나던 마지막 해에 학생들 나누어 먹으라면서 자그마치 아카시아 꿀을 두 말이나 내놓고 갔다.

이에 사생들은 그 많은 꿀을 조금씩 나누어 먹는 것도 어려운 일이어서 처리문제를 의논하였다. 그 결과 얼마 있지 않아 다가오는 부처님오신날에 경로잔치를 기원학사에서 열기로 의견을 모았다. 이에 평소 학생들에게 자주 마음을 써주시던 개운사의 월주 주지 스님께 꿀 한 병을 가져다 드리기 위해 사생 간부들이 함께 찾아뵈었다. 계획을 들은 주지 스님은 학생들을 격려하며 그날 쓸 국수는 개운사에서 보내 주기로 하였다. 이렇게 해서 사생들은 외롭고 무료한 동네 노인 분들이 흡족해 할 만한 잔치를 베풀기로 하고 꿀을 내다 팔아 비용을 마련하는 등 준비를 서둘렀다.

드디어 부처님오신날, 기원학사 넓은 마당에는 잔칫상이 놓이고 꽃향기 넘치는 숲 속에 흥겨운 풍악이 울리는 가운데 동네 노인 분들도 한 둘씩 모여들었다. 70년대만 해도 이곳 개운사 위쪽 개울가 마을에는 노인들이 많은 편이었다. 평소에 예의 바르고 착실한 기원학사 학생들과 노인 분들과는 비교적 친숙한 사이로, 이 날의 잔치는 매우 흥겹고 고마운 자리였다. 특히 학생들이 준비한 경로잔치가 더욱 흐뭇하고 기분이 좋았던 것은 이 날의 메인 메뉴였다. 넉넉한 막걸리와 함께 편육 등 기름진 육미가 푸짐했기 때문이다.

경로잔치는 노인들의 거나한 막걸리 대작과 흥겨움으로 대성황을 이룬 가운데 잘 마칠 수 있었다. 호스트가 되어 애를 쓴 학생들도 큰 보람을 느낀 잔치였다. 그러나 문제는 잔치의 흥겨움이 아니었다. 부처님오신날 베푼 경로잔치에 하필 질펀한 막걸리와 푸짐한 육미의 대접이 옳은 일인가 함이었다. 사생들 중에서도, 말하자면 '술에 취한' 부처님오신날을 감당하기가 쉽지 않았던 측에서는 당연히 제기할 수 있는 문제였다.

하지만 처음부터 이런 잔치를 생각하며 앞장섰던 사생들의 생각과 태도는 오히려 당당하였다. 매년 개운사의 부처님오신날 행사를 지켜보면서 느낀 게 많았다는 것이다. 그날 절에 오는 노인들에게 별 감동도 없는 종이꽃 하나씩 가슴에 달아주고 비닐에 싼 떡이나 빵 봉지 하나씩 나누어 주는 치레로 과연 그분들이 부처님오신날을 기쁘게 봉

축하겠느냐는 것이다. 그래서 외로운 노인들이 진짜 즐겁고 흡족할
수 있는 부처님오신날을 만들어 주기 위해 한 일이다. 실제로 노인 분
들이 얼마나 즐겁고 흥겨워했는지를 직접 보지 않았느냐는 대답이었
다. 다행히도 이 일이 문제가 되어 '줄빳따'까지 등장하지는 않았다.
역시 '자비로운 부처님' 오신 날이었다.

　여전히 새로운 사고와 기존의 관습이 교차하고 있는 변화의 현실
이며 현장이었다. 어느 한 쪽이 절대로 옳거나 절대 틀린 것이랴. 그
렇게 모든 변화와 관습은 서로 교차하면서 새로운 가치와 질서로 제
역할을 찾아가고 있음이었다.

7

'줄빳다' 속에서 돈독하던 선후배들

　요즘의 기준으로 보면 참으로 미개하고 좋지 않은 관습이지만, '줄
빳다'는 부처님 도량 기원학사에서도 전통처럼 이어져 왔다. 장충동
시대는 모르겠지만 초동 시대에도 그래왔다. 앞에서도 줄빳다 언급이
있었지만, 이 기회에 그것에 대해 한번 쯤 회고 겸 정리를 해 보는 것
도 좋겠다. 이 또한 기원학사의 한 생활 모습이었고 싫든 좋든 한 시
대의 문화 현상이었다는 뜻에서이다.

　기원학사는 대학생 불교학도들의 생활과 정신의 공동체로서 그 긍
지와 자부심 또한 매우 큰 편이었다. 그런 기원학사에 줄빳다의 전통
이란 게 어떻게 해서 있게 된 것인가.

　기원학사에서 줄빳다가 언제부터 있게 된 것인지는 알 수 없다. 다
만 60년대 초반 무렵부터 발생하지 않았을까 막연하게 짐작해 볼 뿐
이다. 그러나 좀 더 근원적으로 생각해 본다면, 그것은 일제의 오랜
폭압 통치로까지 소급해야 할 것 같다. 이어 6·25전쟁을 겪으면서 형
성된 사회의 거친 의식 구조와 군대 내의 기합·구타 등 악습이 일반

화 되고, 그것이 다시 집단생활의 규율을 유지하는 강압적 방식으로 전이되어 사회 곳곳으로 스며들어온 현상이 아니었을까 생각한다. 바로 그런 현상이 기원학사에까지도 통용되고 있던 셈이다. 어쨌든 줄 빳다의 사회적 관습과 그 영향은 그 만큼 크고 광범위하였다.

줄빳다는 개인에 대해서가 아닌 연좌제적 집단 체벌을 통한 훈육 행위를 말함이다. 기원학사의 경우 개인 구타 및 체벌은 아예 존재하지 않았다. 상급학년 1인이 하급학년 전체를 한 명씩 차례로 때리는 방식의 연쇄체벌만 있을 뿐이다. 대단하지는 않았지만 무게와 길이가 매우 적당한 빳다(몽둥이)가 항상 준비되어 있었고, 후배 학년들은 법당에 줄지어 엎드린 자세로 엉덩이를 맞아야 했다. 시작 당시의 사정은 알 수 없지만 60년대 후반 무렵의 줄빳다는 상당히 매웠던 것으로 기억하고 있다. 빳다를 든 선배의 성향에 따라 달랐지만, 심한 경우는 엉덩이에 피멍이 들기도 하였다.

기원학사에서 벌어지는 이 같은 줄빳다의 관습이 긍정시되거나 지지 받지 못했음은 물론이다. 그러나 그것이 반드시 비판 받는 분위기만은 아니었다. 감정이 실려 있거나 무분별한 줄빳다가 아니라 항상 절제된 상태의 체벌이었다는 점에서 그렇게도 생각하였다. 다소 긍정적으로 이해하자면, 줄빳다는 '공동체 결속을 위한 정신 훈련' 혹은 아예 선가(禪家)의 '죽비 정신'과도 같은 명분 아래서 행해졌다. 그리고 선배와 후배가 어느 정도는 공동체 유지를 위한 고육지책이면서도 일종의 사랑의 매라는 인식도 공유되고 있었다.

하지만 어쨌든 문명적이지 못한 줄빳다에 대해서는 이를 부정하는 생각들이 더 우세했다. 이 때문에 어느 학년에서는 아예 자체 결의를 통해 '우리는 어떤 경우에도 빳다를 들지 않겠다'고 공개적으로 입장을 표명하는 일도 있었다. 이런 결의와 표명은 실제로 잘 지켜졌다. 그러나 이와는 달리 후배들에 대한 터프한 관심의 표현으로서 여전히 줄빳다를 날리는 선배들도 그대로 있었다. 한 기숙사 안에서 부정적이든 긍정적이든 폭력과 비폭력이 공존하는 양상은 초동에서 안암동 시대로 이어지고, 그것은 한 동안 지속되었다.

기원학사에서 줄빳다가 온전히 사라진 것은 안암동 시대의 끝 무렵인 1980년대 말 경에 이르러서였다. 이 즈음에 사회적으로 각 집단 내의 정서도, 집체적 체벌 방식의 훈육 행위에 대한 적극적인 반성이 요구되고 있었다. 그렇게 줄빳다라는 비인간적 비문명적인 관행은 마침내 세월 뒤로 사라질 때가 된 것이다. 시대가 변하고 사회가 변하고 사람들의 생각이 이미 변하고 있었기 때문이다.

8

선배들의 뜨거운 독려

　기원학사의 운영 체제 및 생활 문화와 의식 등은 초동에서 시작하여 안암동에 이르러서 여전히 연속성과 공통성을 가지고 지속되는 부분이 더 많았다. 소위 집체적인 정신 훈련의 방법으로 동원되던 줄빳다 또한 그 나름대로는 선후배간의 애정 있는 훈육의 의미가 포함되어 있었던 것도 사실이다. 그런 돈독한 우애가 있었기에 기숙사에서 함께 생활하는 선배들의 후배에 대한 역할, 또는 졸업해 나간 동문선배와 재학생후배 간의 유대와 그 영향은 실로 각별하였다.

　주로 함께 생활하는 선후배 간의 경우이지만, 특히 불교 신행에 관한 선배들의 역할은 자못 진지한 데가 있었다. 가령 평소의 마음 씀씀이나 불교인다운 생활 태도들이 그러하였으며, 후배들의 구도심 또는 불교관의 확립을 위한 열성들 또한 그 만큼 간곡하였다.

　어떤 선배는 아침예불이 끝나면 항시 시간을 내어 후배들과 법담을 나누고, 때로는 마치 한 소식을 묻는 선사들처럼 후배들을 독려하였다. 죽비를 들고 중앙에 좌정한 선배는 준엄하게 묻는다. "지금 기차가 막 떠난다, 속히 한마디로 일러라. 불교가 무엇인가?" 이때 마땅한 대답이 나오지 않으면 선배는 몇 날이고 반복해서 다시 묻곤 하였다. 짐짓 선문답 같은 어색한 이런 장면이 불편한 사람도 있었다. 그러나 이런 기회가 후배학년들에게는 불교를 새삼 깊게 생각해 보는 계기가 되기도 했다. 또 염불을 깊이 아는 선배가 함께 염불을 외며 숙달시켜 주는 일도 있었다. 친절하고 자상한 신행 지도였다.

그밖에 학교 안팎에서 실력을 인정받던 선배들은 불교학이든, 불교원전이든, 어학이든 후배들의 공부 자세와 실력 향상에 여러 가지 방식으로 도움을 주었다. 나아가 불교학에 대한 관심 제고 및 그 방법론적인 지도와 격려로 장래의 진로와 인생 지침을 북돋워 주기도 하였다. 초동과 안암동 시대를 통틀어, 기원학사 출신으로 교육계의 각 분야 인력이 유난히 많이 배출된 것 또한 이 같은 선후배간 지도와 격려의 영향이 적지 않았을 것으로 생각한다.

안암동 시대 후반 무렵, 졸업 후 한학에 매진하며 기원학사에 잠시 함께 생활하던 박상준(87년 졸업·2019년 타계) 동문이 있었다. 그는 뒷날 동국역경원에서 한글대장경 역경위원과 한국불교전서 번역위원으로 활동하며 경전 번역 분야에서 뛰어난 실력을 인정받았고, 특히 중국 한시와 선시(禪詩)의 최고 권위자로도 꼽혔다. 그의 유고집『몽유록(夢遊錄)』에는, 기원학사 선후배 간의 정성스러움과 따뜻함이 잘 전해지는 그 시절의 한 정황이 다음과 같이 나타나 있다.

내가 소위 선생 노릇을 시작한 것은 1989년 기원학사에서였다. 세상이 궁금하고 진리에 목말랐던 후배들이 선배는 뭘 좀 아는가 싶어 이것저것 물으러 하나 둘 모여들었다. 나는 그들에게 '불교는 공부하려면 무조건 원효 스님의 「발심수행장(發心修行章)」을 외워야 한다'고 목소리를 높였다. 내가 그 글을 통해 부처님의 가르침을 한 그릇은 아니라도 한 방울 쯤은 맛보고, 배는 채우지 못했어도 입술은 축일 수 있었기 때문이다.

1987년 무더운 여름이었다. 동국대학교 불교학 자료실에서 『한국불교전서』를 열람하다가 「발심수행장」에 이르러 심장이 뛰고 온몸이 전율하였다. 한문으로 쓰인 그 말씀이 평면에 쓰인 글자가 아니라 음성으로 들렸고, 정말이지 저절로 이해되었다.

목구멍이 타 들어가고, 입천장까지 바짝 말라붙었다. 정신을 차리고 보니 기원학사였다. 어떻게 도서관을 나와 버스를 타고 안암동 로타리까지 왔는지, 어떻게 개운사가 멀찌감치 보이는 길을 걸어 기원학사까지 왔는지, 도무지 기억이 나질 않았다. 그 강렬했던 경험을 후배들도 꼭 겪어봤으면 싶었다. 물론 수업료는 꽤나 저렴했다. 담배 한 갑, 혹은 몇 개피면 족했다. 그것까지는 꽤 선생다운 형태였는데 그 다음이 문제였다.

강의 후 다음 시간까지 외워오라고 한 대목을 암기하지 못하면 불같이 호통을 쳤고 싸늘한 눈빛으로 상처를 주었다. 그런 나를 후배들은 그래도 선배 대접에 선생 대접까지 깍듯이 하며 예의를 지켰으니, 참 선근(善根)이 깊은 친구들이었다. 이제 다들 교계 각처에서 나름의 몫을 충실히 다 하고 있다. 그저 고맙고 대견할 따름이다.(『몽유록(夢遊錄)』, 박상준, 서울 조계종출판사, 2019. pp.204~205)

이 뿐만이 아니다. 대학 생활 자체에 있어서도 선배들의 후배 지도는 특별하였다. 선배는 후배들을 학내 각 직책과 분야의 리더 또는 중

기원학사 동문 중심 모임인 두토회
윗줄 오른쪽부터 김진석 홍영춘 허남준 권정덕 권오현,
아랫줄 오른쪽부터 한정섭 나동영 송금엽 고익진

심 세력으로 키우고자 하는 의욕에서 기회 있을 때마다 확신을 심어
주고 격려하였다.

특히 이 같은 지도와 독려의 열성은 이미 졸업을 하고 기원학사를
떠난 선배들도 예외가 아니었다. 동문들은 간혹 개별적으로 기원학사
를 찾거나 또는 정기·비정기 모임의 날을 통해 후배들과 자리를 함께
하며 의지를 북돋아 주었다. 이때 후배들로서는 어느 정도 자리를 잡
고 안정적인 선배들과 만나면서 그들의 신념과 경험으로부터 큰 희망
과 용기를 얻곤 하였다. 어쨌든 함께 생활하는 재학생선배이든, 세대
차이가 크게 나는 동문선배이든, 그들의 조언이나 격려는 한결같이 적

1968년 졸업식 기념. 윗줄 오른쪽부터 송영섭 서윤길 권용범 이재형 이영구 권오성 고익진.
가운데 줄 오른쪽부터 공양주 보살(김해이줌마) 김상철 이철교 배종규.
아랫줄 오른쪽부터 김갑년 김수창 권정덕 박경호 민경환

극적이었고 일관되고 구체적이었다.

가령 공부에 관심이 크고 강한 후배라면, 그가 당연히 학내에서 장학생회, 동국사상 연구회를 비롯하여 학내의 유수한 각 연구회 등에서 당연히 회장으로서 역할하기를 기대하였다. 또 이와 비슷한 방식으로 동대신문·Dongguk Post·동대방송국·선무부·총학생회 심지어 ROTC 명예위원장에 이르기까지, 그 최고의 직위를 모두 기원학사 사생들이 책임질 수 있는 만큼의 자부심과 역량을 갖출 것을 원칙처럼 강조했다. 대체로 그것은 격려를 넘어선 강권(强勸)에 해당하였다. 자칫 이는 선민의식적 발상이거나 과시적인 집단명예욕일 수도 있다는 반성적인 입장도 없지 않았다.

하지만 그것은 단순히 과잉된 자존감이나 세속적 성취욕의 강요가 아니라, 자신의 구체적인 목표 설정과 긍정적 자기신념을 강화하라는 예비적 인생훈련이기도 했다. 후배들의 미래와 한국불교의 향상 발전을 함께 기대하는 선배들의 조언과 격려는 큰 응원이 되었다. 그리고 실제로 선배들의 진정성 있는 주마가편(走馬加鞭)에 분발한 후배들은 강건한 의지와 노력으로 대학 생활에서 거의 대부분 그 결실을 거둘 수 있었다. 또한 이 같은 기상과 자기확신은 다음의 후배에게로 이어져갔다. 가히 그 신념이나 결행 등에 있어서 동국대학교의 중심은 바로 기원학사라는 긍지와 자부심이 충만하던 시절들이었다.

9

기원학사 문호 개방의 갈등

    기원학사가 불교학과의 기숙사로 출발하여 안암동 시대까지 이르러 왔음은 이미 하나의 역사이자 확인된 전통이었다. 그러나 뜻밖에도 이 같은 사실이 그동안 학교 측과 불교학과 사이에는 다소 불편한 문제가 되기도 하였다. 그것은 기원학사가 동국대학교 전체의 기숙사여야 한다고 생각하는 학교 측의 입장과, 어디까지나 불교학과의 역사와 고유한 특성을 지닌 공동체 시설로 여기는 불교학과학생 측의 입장이 서로 달랐기 때문이다.

    하지만 이 같은 사정과는 무관하게 불교학과 학생들의 기원학사에 대한 주인의식에는 변함이 없었고, 이에 굳이 이의를 말하는 사람도 없었다. 종립대학에서 불교학과가 지켜온 자부심 및 책임성과 더불어 관례적으로 통용되고 구현해 온 전통은 그 만큼 확고하였다. 최소한 안암동으로 옮겨 온 뒤의 몇 년까지는 그러하였다.

    그러나 이미 70년대에 들어서면서부터 굳건해 보이던 기원학사의 이런 위상에도 변화가 나타나고 있었다. 주된 원인은 그 무렵 입사생

규모의 감소와 함께 시작되었다. 입사지원생들이 적어 이미 잘 갖추어진 기숙사 시설이 충분하게 활용되지 못하고 있다는 것이 가장 큰 문제였다.

사실 이런 문제점은 안암동으로 옮겨온 직후부터 대두되었다. 1969년도 6월 기숙사를 옮겨올 당시의 사생수는 30명 내외였는데, 이에 비해 방 숫자는 24개실로 총 96명이 생활할 수 있는 시설이었다. 그러나 1실 4인용의 침대가 양쪽 벽면에 부착된 방들은 너무 협소하여 생활이 불편하였다. 따라서 실제로는 1실 3인 사용으로 운영되었고, 그럴 경우에도 수용 가능 인원은 72명이었다. 초동에서 옮겨온 인원 전체를 수용하고도 방사의 절반이 남을 정도인 것이다. 그래서 실제로는 1실을 2인이 사용하던 것이 현실이었다.

이렇게 되자 학교 내에서는 당연히 기원학사를 타학과에도 개방하는 문제가 제기되었다. 2학기부터 일단 불교대학 전체로 대상 범위를 넓혀 사생을 선발하도록 요구한 것이다. 이 같은 중요한 문제의 처리와 결정에는 당연히 사감의 의견과 역할이 필요했다. 그러나 당시는 아직 불교학과 교수가 사감으로 부임하기 이전으로, 초동에서부터 근무해 온 대학 총무처의 행정직원이 사감을 맡고 있었다. 어쨌든 기원학사로서는 학교 측의 의사와 요구를 거부할 명분이 마땅히 없었다. 따라서 사생장 등 임원의 결정을 거쳐 잠정적으로 요구를 수용하기로 하였다.

당시는 불교대학에 불교학과·철학과·인도철학과가 있던 시절이어서 두 학과에도 기원학사 입사생 모집을 알렸다. 그러나 입사 지원자가 의외로 없었고, 인도철학과 3학년생 단 1명이 지원하였다. 이로써 당연히 1969년 2학기부터 타학과생의 입사가 실현되었지만 모처럼의 이 같은 변화는 오래 지속되지 못하였다. 말하자면 불교학과 이외의 타학과 제1호 입사생인 인도철학과 학생은 처음부터 기원학사 생활에는 부조화를 보였다. 특히 일반 대학의 기숙사와는 크게 다른 불교적인 기본 규칙과 생활 방식에 제대로 적응하지 못하였고, 공동체 생활 역시 적응하기 어려워했다. 심지어는 안암동 기원학사에서 필동의 학교까지의 통학거리가 멀어서 힘들다는 불평까지도 나왔다.

낯선 환경 속에 들어 온 타학과생도 어려웠겠지만 대승적으로 타학과 학생들의 수용을 지켜보고 있던 기원학사 임원들도 안심되지 않는 분위기는 마찬가지였다. 그렇게 어렵게 한 학기를 마치고 다시 두 학기째를 지내던 중에 그는 결국 퇴사 조치를 당하였다. 기본적인 생활 규칙도 지키지 않음은 물론, 후배학년 사생들에 대한 거친 언동과 구타 행위, 그리고 금녀의 공간으로 지켜왔던 기숙사의 불문율을 저버리는 행위 등 누적된 잘못들이 불러온 결과였다.

비록 자발적인 조치는 아니었지만 기원학사 입사 개방은 이렇게 해서 1년도 다 채우지 못하고 중단되고 말았다. 그 이후로도 기원학사 입사생 감소 등의 형편과 조건은 마찬가지였다. 따라서 불교대학에 이어 원하면 어느 학과에서든 입사를 지원할 수 있게 했지만 몇 년 동안 지원자는 전무하였다. 이는 철학과와 인도철학과의 재학생수 자체가 워낙 적었던 사정과도 무관하지 않았다.

그 후 기숙사 입사 요구가 다시 크게 거론된 것은 70년대 중반 무렵이었다. 이는 그 동안 새 기숙사의 규모와 시설 등이 좋은 이미지로 알려져 왔고 특히 여전히 시설에 여유가 있다는 사실 때문이었다. 물론 저렴한 기숙사비의 영향이 컸을 것이다. 시설에 여유가 있다는 말은 불교학과 학생들의 숫자가 많지 않고, 70년대 초반보다도 오히려 줄고 있는 현실과 맞닿아 있다. 여기서 불교학과 학생의 입사 감소 현상을 잠시 그 출발점에서부터 들여다보기로 한다.

광복 이후 그리고 초동 시대 전반까지의 기원학사는 대부분 지방 사찰에서 유학 온 청년승려들이었으며, 그 수도 많은 편이었다. 그러나 초동 시대 중반 이후로는 예전과 같은 지방 유학승은 거의 없었으며, 대신 그 자리를 채운 불교학과 일반학생들 마저 점차 줄어드는 추세였다. 이는 불교학과에 들어와 기원학사에 입사했다가도 1년 후 타 학과로 전과 또는 편입학하는 학생들과도 관련이 있었다. 전과·편입한 인원만큼 증원을 하지 못한 것이 그대로 기원학사의 사생 감소로 나타나고 있는 것이다.

이보다 훨씬 후일의 상황이지만, 1981년도 졸업정원제 시행 이후로는 더욱 큰 영향을 받게 된다. 이 제도가 시행되면서 불교학과 학생 중에도 특히 서울 및 수도권 학생의 입학 비율이 크게 늘어났다. 그러나 그것이 오히려 기원학사 입사생 감소 요인이 되기도 하였다. 서울과 수도권 학생의 상당수가 자기 집에서 다니는 경우가 많아, 굳이 기숙사 입사를 원하지 않았던 것으로 분석된다. 그밖에 지방출신이라 해도 불교적 정서 또는 도량 분위기에 익숙하지 않아 기원학사 입사를 주저하는 학생도 없지 않았을 것이다.

기숙사 시설을 인원이 부족하여 다 활용하지 못하는 이 같은 이유와 사정은 기원학사에 대한 완전한 개방 요구의 근거가 되기에 충분하였다. 한편 그 무렵뿐만 아니라 학교 측의 입장에서는 항상 일반학생들을 위한 기숙사 건립의 필요성과 압박을 느끼고 있었다. 학생의 복지 향상은 물론, 동국대학교의 대외 이미지 제고와 교육정책 당국의 일반기숙사 확보 요구의 기준을 충족시키기 위해서도 더욱 그러하였다.

그 동안 기원학사에 대해서 기회 있을 때마다 '동국대학교 기숙사'라는 인식을 드러내 보이던 것도 이 때문이었을 것이다. 따라서 학교 당국으로서는 그 자체의 필요성 때문에도 기원학사 문제를 더욱 적극적으로 검토하면서 학교 측의 의도대로 기원학사를 전 학과에 개방하고자 하였다.

그러나 오랜 역사를 이어오는 기원학사를 학교 일방의 결정만으로 그렇게 쉽게 전환할 수는 없는 일이었다. 실은 초동에서 안암동으로 이전해 오던 그때부터 학교 측과 기원학사 사생들 간에는 이 문제를 두고 미묘한 감정의 긴장이 흐르고 있었다. 불교학과 사생들은 옛 선배들에게서 전해 들은 바대로 '기원학사는 우리가 지켜온 우리 불교학과의 공동체 수행 공간이다'라고 여전히 굳게 믿고 있었다. 그 만큼 모두가 사명감을 갖고 기원학사를 전승해 가고자 하였다. 이 같은 의식과 태도들이 타당한 것이든 지나치게 배타적이든, 학교 측에서도 기원학사가 불교학과의 독자적인 기숙 시설로 존치되어온 정통성에 대해서는 완전히 부정하는 분위기만은 아니었다.

이 같은 역사적 배경까지를 감안한다면 기원학사의 문호 개방 문제는 결코 간단한 일이 아니었다. 그래서인지 이 작업은 학생처가 전면에 나서서 직접 추진해갔다. 주로 학교 측의 입장을 대내외에 납득시키고, 기원학사 임원과 사생들 그리고 출신동문들에게까지도 이해와 협력을 얻기 위함이었다.

더구나 이때는 1972년 유신선포 이후 전국의 고교와 대학에 학생 자치훈련단으로서 학도호국단이 조직 운영되고 있던 시절이었다. 이에 따라 대학의 총학생회장을 사단장으로 하여 차례대로 연대장—대대장—중대장으로 편성하고 있어서, 마치 대학이 하나의 거대한 병영을 연상케 했다. 이 같은 억압적 분위기에서 기원학사의 업무를 전담하는 학생처 직원의 노련함과 활동 영역에서의 영향력은 막강하였다. 심지어 기원학사의 자치적인 사생장 선거까지도 학생처에서 깊숙이 관여하여 사생장을 거의 임명하는 수준이었다. 이런 시대였으므로 기원학사 문제 또한 학교 측이 유도하는 대로 개방의 순서를 밟아갔다.

그러나 이 과정에서 당시 사생장 전명철(78년 졸업)을 비롯한 임원 및 사생들의 반발과 저항 또한 거셌다. 특히 사생장은 졸업을 못하는 일이 있더라도 동의할 수 없는 일이라고 맞서기도 하였다. 이에 사감이던 이재창 교수와 학교 측과의 교감 및 중재가 뒤따랐다. 이런 과정을 거치면서 마침내 기원학사 입사의 전면 개방이 확정되었다. 다만 전면 개방을 하더라도 기원학사의 역사성과 전통의 유지를 위해 몇 가지 원칙을 정하였다. 즉 그것은 ① 모든 단과대학 각 학과에 개방하되 입사 자격 학년은 1학년으로 제한한다 ② 1학년 종료와 함께 자동 퇴사한다 ③ 사생장은 당연히 불교학과에서만 맡는다는 등의 내용이었다.

기원학사의 불교학과 학생으로서 처음 겪는 이런 변화는 일면 불만스럽고 아쉬운 일이었다. 이는 시대의 대세에 따른 부득이한 사정이기도 했다. 어쨌든 기원학사의 문호를 일단 개방함에, 각 학과에서 입사 지원자가 폭주하였다. 그러나 기존의 사생을 제외한 수용 가능 인원은 해마다 달라서 많아야 30명 내외였다. 이에 비해 언제나 지원자 숫자가 크게 상회하는 실정이어서 분명한 선발 기준이 필요했고, 그것을 일단 성적 우수자 순으로 정하였다.

이렇게 해서 1976년 1학기부터 기원학사에는 다양한 학과의 학생들이 한데 어울려 생활하게 되었다. 선발 기준이 성적우수자이다 보니 법학과·경찰행정학과·국문학과 및 공대·사범대 등에서 우수한 학생들이 많이 입사하였고, 불교학과와 타학과 입사생의 비율은 거의 반반을 이루었다. 불교학과 학생과 타학과 학생의 이와 같은 동거 양상은 장단점의 비교 관점에서 많은 생각을 갖게 하였다.

우선 불교적 신념에 기반 하지 않은 상당수 타학과 소속 사생과의 동거가 여러 가지 문제점을 드러낼 수밖에 없었다. 특히 아침 6시 기상, 예불과 발우공양 등 기원학사의 기본적인 생활 규칙과 불교공동체적 질서에 순응하지 못하거나 반하는 의식이 드러나 보일 때의 경우이다. 그러나 불교와 신행 생활 등 그 동안 철저하게 지켜져 왔던 정체성이 희석되고 사라지는 문제점의 심각성과는 달리, 타학과와의 교류를 통해 불교 및 불교대학의 영향력이 그 만큼 확대되는 긍정적 측면도 하나의 장점으로 생각할 수 있게 되었다. 실제로 기원학사를 통해 불교에 가까이 접하고 신행과 학문에도 관심을 갖게 된 경우도 분명 많이 있었다.

한편 이처럼 기원학사에서 장단점을 함께 경험하며 생활하는 가운데, 타학과 학생들의 새로운 요구가 나오기도 하였다. 요컨대 기원학사 생활 기간의 연장 요구가 그것인데, 주장의 근거는 과감했고 타당성도 없지 않았다. 동일한 등록금을 내고 있는 동국대학교 학생으로서, 기숙사의 혜택을 평등하게 누릴 권리가 있다는 것이었다. 새롭게 제기된 이 문제에 대해서도 기원학사의 업무 전담 학생처 직원의 중재와 의견 제시가 있었다. 1학년을 마치고 퇴사해야 하는 학생이 부득이한 사유가 있다면 사정을 살펴서 한 학기에 한해 더 머물 수 있도록 허용하자는 의견이었다.

이 같은 절충안에 대해 사생장 등 임원들은 일단 거부의 의사를 분명히 하였다. 이미 기원학사의 개방 원칙을 정하고 시행해오고 있는 터에 다시 새로운 요구가 나오고, 그럴 때마다 그것을 수용할 수는 없다는 입장이었다. 학교 차원의 전체 기숙사 시설 미비로 인해 발생할 수 있는 이런 문제들이 자칫 기원학사의 정체성 약화 또는 훼손으로 이어질 수도 있음을 염려한 것이다. 그러나 뚜렷한 반대 이유와 명분이 있었지만 임원들은 결국 학교 측의 의견을 받아들일 수밖에 없었다. 어차피 불교학과 학생을 제외하고 머무는 타학과 학생의 총 숫자는 그대로인 것도 의견 수용의 한 이유가 되었다. 이로써 기원학사의 개방 운영은 당시의 상태를 기본으로 삼아 90년대 말에 이르기까지 지속해갔다.

Ⅲ

법우들의 용맹정진

동국대 캠퍼스 불상 앞에서.
윗줄 오른쪽부터 김수창 송용기 태경스님 법해스님.
아랫줄 오른쪽부터 이철교 김상철 해룡스님 고익진

1

향학열과 구도 순례

　동국대학의 오랜 전통 속에서 학생들의 불교 활동은 거의 언제나 우선적인 의미와 가치로서 존중되어 온다. 최초의 명진학교에서부터 과거의 각급학교 시대에는 모든 학생이 불교인으로서 곧 그러한 활동의 발의자였고 주체자였다. 그러나 현대 사회의 대학 또는 종합대학 체제에서는 그 주체자도 대상자도 과거와는 같지 않으며, 활동의 양상도 당연히 달리 나타난다. 오늘의 동국대학교에서 불교학과 학생들의 기숙사인 기원학사 중심의 불교 활동, 기원학사의 정신적 특성이 드러나는 활동 등이 곧 그러하다.

　『동대 70년사』에는 명진학교에서부터 동국대학교에 이르는 전 시대를 크게 3기로 나눈 가운데, 동국대학교 시대에서 「기원학사와 불교 활동」을 별도의 항으로 소개하고 있다. 여기에서는 먼저 기원학사 불교 활동의 전체 윤곽과 경향을 짐작해보게 하는 그 전반부의 내용을 그대로 인용하기로 한다.

환도 후의 불교 활동은 불교학과 학생의 기숙사인 기원학사를 중심으로 다시 피어나기 시작했다. 전란 통에 앞서 기원학사였던 필동 소재 각심사가 소진되었기 때문에 환도 후의 기원학사는 중구 필동 107번지(당시 유신 고속버스 터미널)로 옮겨졌으나 피난민과 빈민들로 둘러싸여 사시(四時) 불결하고 주야로 소란한 환경에 있었다. 그러나 그 가운데서도 종교 생활로서의 수도와 불교 강연회, 포교 활동, 연구 발표회, 토론회를 활발하게 전개시키고 있었다.

특히 불교적 이념과 불교적 생산 방식으로 지역사회 개발을 시도하고 있었다. 이것은 종래의 비생산적 침체성을 불식시키고 현대산업사회에서 불교가 담당하여야 할 생산적 생활 방식을 제기하는 것이었다. 그들은 피난지에서 돌아온 환도의 악조건에서 그러한 활동을 구체적으로 실천에 옮기고 있었으니, 조석예불을 비롯하여 사원생활의 꾸준한 실천과 불교활동의 말없는 기수적(旗手的)인 행위라고 할 수 있었다.

또한 그들은 해마다 각종 축제 행사와 불교 대강연회 등을 가지고 단체 또는 개별적으로 전국을 순회하며 포교도 하였다. 특히 1960년도의 불탄일에, 명동 소재 시공관(市公館, 전 명동국립극장)에서 본교 불교대학 교수와 교계 고덕(高德)을 초청하여 개최한 불교대강연회는 문자 그대로 입추의 여지없이 참집한 남녀 시민과 대학생들로 대성황을 이루었다. 이 행사는 1963년 까지 매년 불교학회와 공동주최로 계속되었다.

기원학사는 우선 사생의 인원수 자체가 작은 소규모 집단에 해당한다. 따라서 규모의 효율성을 기대해야 하는 행사 및 활동은 불교대학 또는 학회의 계획에 참여하거나 공동으로 개최하는 것이 일반적이다. 그러나 그런 가운데서도 기원학사만의 독자적인 불교 활동들이 없지 않았다. 조직적이고 고정적이지는 않았지만, 일찍이 기원학사에서는 사생들의 자발적 발의와 참여에 따라 그룹스터디가 간헐적으로 진행되어 왔다.

사례의 하나로 일찍이 58~59년도의 기원학사에서 지속된 영어원서 그룹스터디를 들 수 있다. 이 무렵 서울대 종교학과를 졸업하고 불교학에 경도하기 시작한 젊은 불교학도가 있었다. 그가 다시 동국대에서 대학원 불교학과를 졸업하고, 불교공부를 더욱 심화시키고자 기원학사에 자주 왕래하던 훗날의 인도철학과 서경수 교수였다. 특히 방학을 이용하여 희망하는 사생들과 함께 공부모임을 자주 갖기도 하였다. 그가 주도하는 이 기원학사의 공부모임에는 기원학사의 사생만이 아니라 철학과 등의 불교학도들이 자주 동참하기도 했다. 1958년 겨울방학에는 버트란드 럿셀의 『철학이란 무엇인가(The problems of philosophy)』의 원서를 완독한 일도 있었다. (송석구, 「부처님 울타리 속에서 평생을 살다」, 『불교평론』, 84호, 2020)

이러한 형식의 공부모임을 위해 기원학사를 찾는 불교대학 대학원생들의 발길이 잦았고, 60년대에 들어와서도 그대로 이어졌다. 물론 이 시기에도 공부모임은 주로 선배들이 앞장서서 이끌어갔다. 그리고 그 시기와 참여자들의 성향에 따라 불교경전과 교학을 공부하고 혹은 불교고전 및 불교사를 탐독하기도 하였다.

이 같은 학습 분위기는 자연스럽게 사생들의 학문에 대한 의욕과 자신감을 고취시키는 바가 되어, 기원학사의 독자적인 학술행사로까지 이어졌다. 1968년 5월 10일 기원학사 주최 제1회 불교학연구발표의 개최가 그러했다. 기원학사 법당에서 열린 이날의 발표회에서는 고익진(대학원)의 「반야심경에 나타난 연기사상」, 송용기(불4)의 「권지(權智)와 실지(實智)에 대한 소고」, 고순호(불3)의 「삼국시대의 미륵사상」 등이 발표되고 질의와 토론이 이어졌다. 이날의 연구 발표들은 사생들은 물론 큰 관심을 갖고 참석한 학내외의 선후배들로부터 깊은 인상과 함께 좋은 평을 들었다.

그러나 독자적으로 불교학술발표회를 기획하고 실행한 처음 의욕과는 달리, 이 같은 학술발표회가 더 이상 이어지지는 못하였다. 아쉽지만 이는 소규모 집단이 갖는 역량의 한계이자, 점차 불교학과·인도철학과·철학과의 불교대학 및 학회 단위 각종 학술행사와의 불가피한 중복과 대비(對比) 때문으로 볼 수 있다. 대학 및 학회 단위에서는 최소한 대학원 수료자 및 강사급 연구자들이 활동함을 고려할 때 더욱 그러하였다.

또 시류의 변화는 학생들이 오직 학술적인 모임 등에만 머물 수 없게 하는 바가 있었다. 60~70년대 우리사회는 빈곤과 정체의 현실 속에서도 사람들과 사회가 점차 희망의 새 변화를 일구어 가는 그런 분위기였다. 이런 시대의 기류를 엿보게 하는 사람들의 행동 유형은 다양하게 나타나지만 젊은 학생들의 도보 여행, 국토순례 대장정, 혹은 당시 유행하던 무전여행 등도 그런 유형 가운데 하나였다.

젊은이들의 낭만이거나 또 도전적 의지일 수도 있는 이 같은 유형의 여행은 이 무렵의 기원학사 사생들 또한 크게 다르지 않았다. 기숙사에서 집단생활을 하는 이들은 대부분 여름·겨울방학이면 2~3명의 동기 또는 선후배가 함께 길을 나선다. 간혹 혼자서 여행하는 사생도 있었다. 학생들의 이런 모습은 마치 여름과 겨울에 석 달씩은 안거(安居)를 마치고 도반들과 함께 산문을 나서는 출가수행자들을 연상케 한다. 사람마다 목적이 다르겠지만 여행이든 순례이든 그 과정에서는 고난과 인내를 경험하며 미래의 자기를 만나고 더러는 고독을 의미 깊게 맞기도 한다. 이 경우 기원학사의 사생들이라면, 이에 더하여 좀 더 자기만의 내적인 목적을 추가한다. 이들이 가는 길은 단순한 여행과는 구분되는 구도(求道)의 순례이며 수행자들의 만행(萬行)일 수도 있었다.

기원학사의 사생들에게 구도의 순례는 낯선 일이 아니다. 구도자의 표본으로서 선재동자의 53선지식 순방도 배워서 알고, '무소의 뿔처럼 혼자서 가는' 『숫타니파타』에서 강조하는 진리의 길도 익히 들어본 바이다. 물론 이들의 구도 순례가 어떤 형식에 얽매어 있는 것은 아니었다. 자유롭게 가고 오며, 그 가운데서 인간을 배우고 사물과 세상의 이치를 터득한다. 함께 하면서 도반(道伴)으로서의 두터운 인연을 확인한다면 이 또한 귀한 일이 아닐 수 없었다.

학생들에게 동행의 구도 순례가 더욱 좋은 현실적인 이유는 따로 있었다. 그것은 어떤 경로를 택하든 그 순례길에는 도회지이든, 외진 고장이든, 산 속이든, 동문들이 수행하고 있는 절이 있어 반갑게 맞아주고 머물 수 있는 선후배들의 든든한 배경이 있다는 점이다. 이 때문에 구도 순례는 아예 가고 싶은 지역 동문의 사찰로 잡거나, 불교적 삶이나 법담을 나눌 선후배를 찾아 나서는 방식으로 이루어지기도 했다. 기원학사의 사생들은 이 같은 구도 순례의 경험을 통해 인간과 세상에 대한 이해를 더욱 넓히고, 불교인으로서의 자기 확립을 크게 도모할 수 있었다.

2

청년학생들의 새불교운동

　기원학사 사생들의 구도 열정은 개별적 행보의 수준에 그치지 않
았다. 일정한 시대와 역사적 상황에 대한 문제의식으로 청년학생들
이 그 개선을 위해 몸을 던져 행동하는 것은 결코 쉬운 일이 아니다.
그런 뜻에서 50년대 말경, 기원학사 사생들이 피폐하고 암울한 시대
의 현실 속에서 새 희망의 세상을 향한 불교적 실천에 함께 나서고
있음은 크게 주목할 만한 일이다. 이는 곧 현실에서 정토를 이루고자
하는 그 시대 젊은 불교학도들의 원행(願行)이자 새로운 불교운동이
었다.

　일제의 폭압에 이어 6·25전쟁의 상흔이 그대로 남아 있던 당시
의 현실은 사회·경제·정치 등 모든 면에서 피폐와 혼란 그리고 빈
곤과 암울함뿐이었다. 우리의 불교계 사정을 말하면. 비구·대처간의
분쟁 혹은 정화(淨化) 운동의 여파로 사회와 대중에게 아무런 도움이
나 위안이 되지 못하는 처지였다. 기원학사의 사생들은 대략 1958년
무렵부터 이 같은 시대의 문제들을 깊게 인식하면서 희망의 미래를

위한 불교적 실천의 길을 모색해왔다. 그리고 이 같은 고민과 논의의 장에는 당시 동국대 총학생회장이던 선진규 불교학과생이 언제나 주도하고 나섰다.

이런 과정들을 거쳐 사생들이 도출해 낸 새불교운동의 핵심만을 말하면 다음과 같다. 즉 신심(信心)·사회·경제·사상의 네 가지 계발의 기치 아래, 우선 극도의 빈곤과 피폐 속에 시달리고 있던 농촌의 생산노동에 구체적으로 참여하여 불교적 이상을 실천한다는 것이었다.

선진규를 중심으로 기원학사의 사생 31명이 추진위원이 되고 16명이 실무위원이 된 이 운동에는 당시 백성욱 총장의 각별한 격려와 도움이 있었다. 이후 농촌의 불교적 실천 현장이 된 경남 김해군 진영 봉화마을의 황무지 35만평도 이렇게 해서 마련해 갈 수가 있었다.

이 같은 불교적 실천운동의 상징으로, 1959년 4월 5일 해발 114m의 봉화산 정상에 '호미 든 관세음보살상'을 조성해 봉안하였다. 왼손에는 중생의 고통을 없애주는 정병(淨瓶)을, 오른손에는 생존의 도구인 호미를 든, 관세음보살상을 경배의 도상으로 만들어 낸 것이다. 이는 어려운 시대를 살아가는 대중의 마음을 일깨워 함께 희망찬 세상을 만들고자 하는 미래지향적 실천불교의 성격을 그대로 말하고 있다.

당시 새불교실천운동을 함께 의논하고 공동 발기했던 추진위원 31명과 실무위원 16명은 1997년 10월, 세 번째로 '호미 든 관세음보살' 존상을 다시 조성해 모시면서 함께 세운 비석에 그 명단이 새겨져 있다. 여기에는 기원학사 사생 이외의 몇몇 이름도 보인다. 이는 당시 선진규 동국대학교 총학생회장의 실천적 불교운동에 공감하여 함께 참여한 타 대학 총학생회장들이다. 자료 삼아 비석에 나타난 명단 전체를 인용해 둔다.

- **추진위원 31명:** 이봉구 김지견 이현종 신병구 황연갑 김해동 박경호 김백만 김광영(김영태) 이종복 김정애 김기업(당시 이화여대 총학생회장) 손영익 김주태 조해진 김남식 박완일 김인덕 이천호 김두성 최충열(당시 경희대 총학생회장) 이재옥 박동기 강창순 안영근 박광도 최병주 김학순 김영기 배종일 선진규
- **실무위원 16명:** 이용성 배한진 정극섭 나동영 심주종 지해식 이기용 김응조 김문길 한치훈 김기권 김상현 주선웅 김종민 박종대 최병식

이후 기원학사 사생들은 해마다 방학을 이용하여 사생 전원이 김해 봉화마을에 내려가 낮에는 황무지 개간으로 농민들과 함께 땀 흘려 일하고, 밤에는 토론회를 열거나 좌선과 정근 등으로 신행의 심지를 더욱 굳게 하였다. 그러나 이 같은 집단적인 불교의 실천 활동이 60년대 초 이후로는 점차 동력이 줄어들고 있었다. 실천불교의 공동 발기인으로 참여했던 사생들이 졸업하고 차례로 자신의 길을 가거나 사회에 진출하면서 자연스럽게 나타나는 현상이었다.

물론 50년대 말에 동국대학교의 젊은 불교학도들에 의해 제기되어 불교계와 함께 사회적 관심과 이목을 모았던 신선한 새불교운동이 그렇게 완전히 사라진 것은 아니다. 그것은 다행히 선진규 동문의 봉화산 정토원 불교활동으로 이어지면서 대중의 불교 신행은 물론 청소년

을 위한 각종 교육 및 수련의 도량으로 기능하며 오늘에 이르고 있다. 60여 년 전 기원학사 사생들의 시대적 고뇌와 순수한 불교적 열정을, 봉화산 정상의 '호미 든 관세음보살'께서는 오늘에도 여전히 증언하고 계신다.

3

기원학사 법우회 창립, 그 이후

『동대 70년사』 중의 「기원학사와 불교 활동」 부분에서, 기원학사 법우회 관련 내용으로는 유일하게 다음의 기록이 보인다.

기원학사 출신으로 이룩된 동문회 법우회는 해마다 춘추로 모임을 갖고 불교 근대화에 대한 방안과 그 실천을 모색하고 있다. 1975년 3월 29일 기원학사 법우회 제8회 정기총회를 개최하여 회장 이외윤, 부회장 황연갑·이봉구·목정배, 총무간사 이재형을 선출하고, 재학생 장학기금 모금과 회지 「祇園」을 발간하기로 하여 제3호까지 내었다.

교사에서 보이는 기원학사 법우회 관련 내용으로는 짤막한 이 기사가 처음이자 전부이다. 따라서 앞도 뒤도 없는 이 기록만으로는 법우회의 연혁을 말하기 어렵다. 다행히 이번 기회에 기원학사 법우회의 창립 과정을 확인할 수 있었던 만큼, 창립 후 그 지속 과정의 실상을 대략 파악해 보기로 한다.

충북 음성군 고심사에서 열린 기원학사 법우회에 참석한 동문들.
윗줄 오른쪽부터 허남준 백경선 안동규 민경환 지해식 김남식 정지찬 이학송 황연갑,
둘째 줄 오른쪽부터 서윤길 박장오 이혜원 최병주 김정묵 ,
셋째줄 오른쪽부터 홍영춘 김봉식 김경성 권기종 권오현 박종철
넷째 줄 오른쪽부터 문황진 김기권 법타스님 박완일 최성봉 선진규

법우회 창립총회는 개교기념일(5월 8일)과 부처님오신날(4월 초파일, 당시 5월 16일)을 눈앞에 둔 1967년 5월 3일, 초동 기원학사에서 열렸다. 당시 사생장 서윤길(68년 졸업)이 법우회 결성의 필요성을 처음 착안하고, 그 방법을 대학원생 목정배와 선임 사생장 박광도 등과 의논하고 사생들의 의견을 모으면서 법우회 창립의 산파역을 다하였다. 이 법우회는 기원학사 출신 선후배가 모두 참여한다는 점에서 그대로가 기원학사동문회이다.

그러함에도 명칭을 법우회로 정한 데에는 좀 더 다른 뜻이 함축되어 있다. 즉 법우회는 동문회인 동시에, 특히 불교의 이념과 정신을 중심 가치로 삼는 기원학사 출신들의 모임임을 더욱 선명하게 표방하고자 하는 의도에서였다.

이 날의 창립총회에서는 이외윤 동문을 기원학사법우회 초대회장으로 선출하고 기타 임원진을 구성하였다. 당시 「동대신문」의 보도 기사(1967년 5월 4일자)를 통해 법우회 첫 출발의 과정 및 의의와 함께 이날 선출된 임원진 전체를 확인할 수 있다.

기원학사는 3일 하오 재학생과 동문 60여명이 모여 기원학사법우회 창립총회를 가졌다. 총회는 삼귀의로 시작하여 취지문 채택이 있은 다음 회칙을 통과시켰다.
법우회는 기원학사를 거쳐 불교학과를 졸업한 동문과 재학생 간에 유대를 긴밀히 하고 장학금 설치, 직업보도 카운셀링 등 후학의 학문과 사회진출의 원만한 길을 닦는데 앞장서게 된다.
이날 선출된 임원 명단은 다음과 같다.

회 장   이외윤(경기대학장) 동문

부회장   김호진(본교 교무과장) 동문

총 무   김영태(불교대 강사) 동문

서 기   서윤길(불3)

회 계   고익진(불3)

이로써 한국불교의 최대 지성그룹이라 할 기원학사 출신들의 의지와 역량을 한 곳에 집결할 수 있는 구성체가 탄생한 것이다. 따라서 이런 법우회의 목적은 당연히 한국 불교의 발전에 기여함은 물론 동문법우들의 더욱 굳건한 연대와 친목을 도모함에 있었다.

그러나 이 같은 법우회 창립 이후, 그 본래의 취지나 의욕이 제대로 실천에 옮겨진 것으로 보기는 어렵다. 크든 작든 활동 방향이나 노력 등을 기록으로 남기지 않은 때문일 수도 있지만, 어떤 가시적 활동이나 역할의 흔적은 전혀 드러나 보이지 않는다. 맨 위의 『동대 70년사』 중의 기록 인용은 그렇게 지속된 8년 동안의 침묵에 이어, 1975년 3월에 제8회 기원학사 법우회 정기총회 개최 사실을 확인시켜주고 있다. 이로 미루어 법우회는 창립총회 이후 매년 정기총회를 개최해 온 것으로 짐작할 수 있겠는데, 여기서 특히 눈에 띄는 부분이 있다. 1967년 창립총회에서 회장으로 선출된 이외윤이 1975년의 정기총회에서도 여전히 회장으로 선출되고 있다는 사실이다.

이는 혜화전문학교에서부터 동국대학 시대까지 모든 학생대표의 직책을 도맡아 왔고 대학 행정직 및 불교종단 안에서도 폭넓게 역할해 온 이외윤 동문의 경륜과 영향력을 반증하는 것이라 하겠다. 또한 당시로서는 불교학과의 최고령 동문이 이외윤이었다는 사실도 함께 고려한 결정이었을 것이다. 그러나 창립총회에서 초대 법우회 회장으로 선출된 이후 8년 정도를 침묵 속에서 보낸 저간의 사정에 대해서는 알 수가 없다. 짐작하건대 그 동안의 공백을 만회라도 하려는 듯, 뜻 있는 후배동문들과 더불어 심기일전하여 제8회 정기총회를 열고, 다시 회장을 맡게 된 것이 아닐까 한다.

법우회가 오랫동안 침묵 속에 있어왔음을 생각한다면 앞의 인용 내용은 의외로 활발한 모습을 말해주는 것으로 보인다. '법우회가 해마다 춘추로 모임을 갖고 불교 근대화에 대한 방안과 그 실천을 모색해 왔다'함은 수사적(修辭的)인 기사일 수 있다. 그렇다 하더라도 회장단의 구성 규모를 비롯하여 후배들을 위한 장학기금 모금과 특히 기원학사 회지를 3회까지 발간했다는 점은 그 활동 의지와 실천성에 있어서 일단 주목할 수 있는 내용들이다.

그러나 문제는 이 같은 법우회의 의욕과 실천들이 일시적인 분발에 그치고 그 지속성을 담보하지 못했다는 사실이다. 실제로 제8회 정기총회 이후의 법우회 활동 역시 거의 드러난 것이 없다. 3회까지 간행하였다는 법우회 회지 『祇園』도 그 발행 시기와 형식·내용 등 알려진 것이 없다. 뿐만 아니라 법우회 자체의 유지마저 불분명한 정도이다. 그 만큼 법우회는 한 동안 의욕적인 활동을 계속하다가도 어느 시점에서 중단되고 그것이 다시 활동과 중단을 반복하는 형태로 어렵게 이어져 온 것으로 볼 수 있다.

이런 과정에서, 다시 2008년 11월 21일 모처럼의 법우회 회의가 개최되었다. 법우회 회장 김남식의 이름으로 보낸 당시의 통지문 내용을 요약하여 옮겨본다.

기원학사 선후배 제현께 올리는 말씀

(...) 기원학사 선후배 모임을 다음과 같이 가지고자 하오니 불교를 사랑하고 기원학사를 아끼시는 마음으로 부디 동참하시어 모임의 앞날을 함께 걱정해 주셨으면 합니다.
이번 모임은 기원학사 모임을 재정비하고 아울러 불교학과 동문회와 연계하여 우리 모두의 신심과 친목을 재결집하는 계기가 되기를 앙원합니다.

> 일시 : 2008년 11월 21일 오후 6시
> 장소 : 앰배서더호텔 맞은편 느티나무집
> 의제 : 1) 후임회장 선임의 건 2) 기타 사안
> 회비 : 30,000원

추신 - 기원학사 모임은 74년도(졸업) 초동 기원학사까지의 동문모임이었으나 이번 기회에 안암동 기원학사에서 공부한 80년도 졸업생까지로 확대하였습니다.

기원학사 법우회장 김 남 식

사실 김남식 동문은 2001년에 전임회장 목정배 동문를 이어 회장직을 맡아 오고 있었다. 개인사정으로 인한 그 동안 법우회 활동의 정체와 부진을 참회하면서, 후임회장 선임을 위해 모임을 주선한 것이다. 이 날 회의에서는 김남식 동문에 이어 김경성 동문을 새 법우회회장으로 선출하였다. 이로써 무려 7년 동안의 정체를 벗고, 다시 새 활로를 모색할 수 있게 되었다.

회칙 개정에 따라 회원의 자격 범주를 확장하여 안암동 시대의 동문법우들까지 포용하는 한편, 법우회의 활동에 적극성을 모색하게 된다. 현재까지 순조롭게 운용되고 있으며 그 동안 회칙도 세 차례 개정한 바, 다음과 같다.

동국대학교 기원학사 법우회 회칙

1991. 3. 22 회칙 제정
1996. 3. 22 회칙 개정
2009. 11. 20 회칙 개정
2017. 12. 8 회칙 개정

제1장 총 칙

제1조(명칭) 본회는 '동국대학교 기원학사 법우회'라 칭한다.

제2조(목적) 본회는 회원 상호간의 친목을 도모하고 불조의 혜명을 이어감을 목적으로 한다.

제2장 자격 및 의무

제3조(회원의 자격) 본회의 회원은 불교학과를 졸업한 자로 기원학사에서 수학했던(1995년) 자를 원칙으로 하되 사외 졸업자 중 원하는 자에 대하여 명예회원으로 문호를 개방한다.

제4조(권리 및 의무) 회원은 다음과 같은 의무를 가진다.

1. 회원은 본회의 의결권, 선거권, 피선거권을 가진다.

2. 회원은 회칙을 준수하고 회의 결정에 승복하며 소정의 회비를 납부해야 한다.

3. 거주지(전화번호 포함) 변경시나 경조사시 사무국장이나 차장에게 통보한다.

제5조(임원 구성) 본회는 다음과 같은 임원을 둔다.

1. 회장 : 본회를 대표하고 본회의 제반 업무를 관장한다.

2. 사무국장 : 회장의 명에 의하여 제반사항을 집행한다

3. 사무차장 : 회장과 사무국장을 보좌한다.

제6조(임원 선출 및 임기)

1. 회장은 정기총회에서 선출한다.

2. 회장의 임기는 2년으로 하고, 사무국장과 차장은 회장이 임면한다 .

3. 임원의 임기는 2년으로 한다.

제3장 총 회

제7조(총회) 총회는 다음과 같이 소집한다.

1. 정기총회는 년 말 1회 소집한다.

2. 임시총회는 년 1~2회 소집하되 회장단의 결정에 따른다.

제4장 재정 및 운영

제8조(재정) 본회의 재정은 회비 및 기부금으로 충당한다.

제9조(경조사) 경조사 부조는 본회 자금 상황에 따라 회장이 결정하고 집행한다.

제10조(회칙의 효력) 본 회칙은 2009년 11월 20일부터 시행한다.

기원학사 법우회 창립 이후 그 지속 문제는 이상에서 살펴 온 바와 같이 쉽지 않은 과정을 거쳐 오늘에 이르러 온다. 그만큼 일관된 연속성을 가질 수 없었던 역사를 법우회가 발족한 1967년부터 현재까지, 파악 가능한 범위 안에서 법우회장 명단과 재직 기간을 중심으로 제시해 둔다.

기원학사 법우회장 명단

이외윤(47년 졸) 1967~1974 / 1975~미상
박동기(60년 졸) 미상~미상 / 목정배(62년 졸) 미상~2000
김남식(62년 졸) 2001~2008 / 김경성(64년 졸) 2009~2013
권오현(66년 졸) 2014~2015 / 이재형(68년 졸) 2016~2019
박종철(73년 졸) 2020~현재

4

교법사·군종법사 활동의 선도

그 동안 기원학사 동문들의 조직으로 법우회가 구성되어 있었으나, 집단적 활동에 대해서는 특별히 거론할 만한 내용이 없는 편이다. 그러나 근년에 이르러 오랜 정체와 부진에서 벗어나 새로운 활력을 찾아가는 중에 있다. 물론 공식적인 활동이 침체된 시기에도 법우회 회원 개개인의 위상과 역할에 있어서는 한국 불교 전반의 차원에서 평가하고 의미를 부여할 만한 활동들이 적지 않다.

그 중에서도 불교의 사회적 저변확대에 크게 영향을 끼친 불교 개척 분야에서의 법우회 회원들의 역할은, 새삼 그 모체로서의 기원학사의 존재를 재인식하게 한다. 일컬어 개척불교를 말할 때 그 범주는 시대 및 사회의 형태와 내용에 따라 다양하게 구분할 수 있다.

60~70년대에는 그 시대의 필요와 요구를 반영하는 개척불교 활동이 있었다. 주로 불교포교 관련 분야들이었다. 특히 중·고등학교 불교교육을 위한 교법사(校法師) 제도와, 군대에 속하는 군종법사(軍宗法師) 제도와 활동을 그 대표적인 예로 들 수 있다. 이 같은 제도 안에서

일찍부터 기득권적 혜택을 누려온 기독교·천주교에 비해, 그 동안 불교는 이들 제도에서 완전히 소외되어 왔다. 그러던 것이 60년대 말에 이르러 불교에서도 제도적 보장 속에서 그들과 어깨를 맞대고 함께 활동할 수 있게 된다.

바로 이 교법사와 군종법사 분야의 개척과 최일선의 현장에는 언제나 불교학과 출신들, 더 구체적으로는 기원학사 동문들의 선도적 역할이 있었다는 사실이다. 기원학사 법우들을 주축으로 한 초기 교법사와 군종법사들의 활동과 그 역량은, 당시 뜨겁게 성원하던 모든 불교인들에게 든든한 믿음과 함께 큰 희망이 되었다.

교법사와 군종법사 역할은 물론 동국대학교 불교대학을 졸업하고 소정의 자격을 갖춘 사람이면 누구나 활동할 수 있는 분야이며, 특히 군종법사 부분은 국가의 제도로서 운영되고 있다. 그 인적 그룹에 대해서는 크게 ① 기원학사 동문법우 ② 백상원(白象院)의 조계종 종비생〔釋林會員〕③ 불교대학 졸업생 개인들로 구분해 볼 수 있다. 그러나 교법사·군종법사제도가 시작되어 초기 정착의 기틀을 다져가던 60~70년대에는 이 같은 인적 그룹이 동시에 활동할 수 있었던 여건이 아니었다, 특히 ①과 ②의 경우가 그러했다.

시대에 부응하는 엘리트 승려 양성을 위해 조계종이 종비생 제도를 처음 실시한 것은 1964년부터이다. 그 해 제1기 종비생 11명(비구10·비구니1)을 선발하여 동국대학교 불교대학에 입학시킨 것이다. 종비생 출신의 교법사·군종법사 제도에의 참여는 이로부터 4~5년 이후부터나 가능하였다. 따라서 이들 제도 초창기의 역할과 활동은 상당부분이 기원학사 동문들을 중심으로 이루어 질 수밖에 없었다. 이 같은 현실을 60~70년대 초창기 교법사와 군종법사로 구분하여 그 대강을 차례로 살펴본다.

교법사 제도와 활동

불교종립 중·고등학교에서 청소년 교육과 종교〔불교〕교화를 담당하는 교사를 교단 내에서는 교법사(校法師)라고 부른다. 교법사의 연원은 멀리 최초의 근대학교인 명진학교의 불교교육으로까지 거슬러 올라가지만, 그 대체적인 역사는 1945년 이후부터로 잡을 수 있다. 광복 이후 불교계에서 설립한 중·고등학교에서 자체적으로 교법사를 두었으며, 교재도 나름대로 제작하여 사용하였다. 또 뒤에 몇몇 학교에서는 『불교독본』(권상로·김동화·조명기·박춘해 공저, 1958)을 교재로 하여 불교를 가르쳤다.

그러나 교법사의 제도화 및 그 활동은 1962년 8월 불교종립학원연합회가 발족하면서부터 구체화 된다. 불교계에서 설립한 초·중고·대학을 망라한 불교종립학원연합회(1988년에 불교교육연합회로 명칭 변경)는 불교교육에 관한 제반 문제를 함께 연구하고 발전시킴으로써 학교교육을 통해 불교정신을 구현하고자 하는 단체이다. 동국대학교 총장을 당연직 회장으로 하고, 불교학과 교수를 실무 집행의 수석부회장으로 하는 이 연합회의 초대회장은 당시 정두석 총장, 수석부회장은 홍정식 교수가 맡았고, 박선영(65년 졸업)이 간사에 임명 되었다.

이후 1967년 연합회에서는 불교대학 교수들을 주축으로 하여 중학교 1·2·3학년용 및 고등학교 1·2학년용 불교교과 교재를 개발 편찬하여 각 불교종립학교의 교재로 사용하게 하였다. 이 교재 편찬에는 기원학사 동문인 목정배·권기종이 실무를 맡았다.

월남 군법당 백마사 창설 후. 왼쪽이 권오현 군종법사

전방 소대장으로
근무중인
권용범 동문(오른쪽)

　　그러나 종립학교에는 아직 공식적인 교법사 제도가 마련되어 있지
않은 상태였다. 이에 1968년 2월 연합회장인 조명기 총장의 주선으로
첫 교법사 선발을 위한 필기시험과 면접을 실시하였다. 불교계 최초
로 실시된 이 교법사 선발시험 대상자는 불교학과 졸업생들로서, 6명
의 교법사를 선발하여 자격증을 수여 하였다. 이로써 그 동안 각급 종
립학교의 임의적 교법사와는 다른 불교종립학원연합회의 공식 인증

교법사 제도에 의한 교법사가 처음 탄생하게 되었다. 물론 당시의 불교학과 졸업생들은 현재와 같은 종교교사 자격증을 취득하는 것은 아니었다. 당시는 중등학교 준교사 사회〔윤리〕과 자격증을 취득하고, 이 자격증을 전제조건으로 하여 다시 연합회 인증의 교법사 자격증이 수여 된 것이다.

당시 선발된 교법사 6명은 1968년 3월 1일자로 동대부중·고에 권기종·김봉식, 명성여중·고에 박명순·강복영, 대동중·상고에 김재호·서윤길이 각각 발령되어 근무하였다. 한국불교종립학교의 최초의 공식 인증 교법사 6명 가운데 권기종·강복영·서윤길 교법사가 기원학사 동문들이었다. 참고로 60년대 말부터 70년대까지의 불교종립학교 교법사 현황에 따르면, 혜화전문을 졸업한 옛 동문에서부터 동국대 불교학과 동문에 이르기까지, 교법사 27명의 재직기간과 최초 근무학교 및 비고 등을 살필 수 있다.(박영동, 「종립학교 교육과 불교학과 동문의 역할」, 『불교학과 창설 110주년 기념제』, 2016.4 참조)

이들 27명 가운데서도 기원학사 동문은 모두 11명이다. 권기종·강복영·서윤길·박선영·이원주·민경환·최성렬·이만·김용표·이은정·김교남 등이 모두 기원학사 생활을 거쳐나갔고, 졸업 후 60~70년대에 각급 종립학교에서 교법사로 근무한 것이다. 교법사 제도의 최초 시작에서부터 그 확립기에도 여전히 기원학사 동문법우들의 활동이 큰 비중을 차지함을 알 수 있다. 그런 의미에서 공식제도로서 새롭게 시작한 교법사의 청소년 종교교육 및 불교교화에 있어서, 모든 불교학과 동문들과 함께 기원학사 동문법우들의 헌신과 업적은 오래 기억될 것이다.

군법사 제도와 활동

교법사 제도 시행과 거의 때를 같이하여 군종법사(이하 군법사) 제도 또한 역사적인 첫 걸음을 내딛게 된다. 당시 이들 제도는 함께 개척 불교 분야의 획기적인 두 축으로서 큰 기대를 모았다. 그러나 불교계 자체 시행의 교법사 제도와 국가 차원의 군법사 제도는 그 성격이 서로 달랐다. 개척불교로서 두 제도의 중요성에도 불구하고 그 상징성 및 파급 영향 면에서는 군법사 제도의 비중이 더 클 수밖에 없었다.

불교 군법사 제도의 시행과 활동이 시작된 것은 1968년 5월의 일이다. 그러나 이 같은 제도 시행 이전에도 동국대학교는 군불교 활동에 앞장서 왔다. 일찍이 1950년부터 권상로·김포광 스님 등 당시 동국대학교 교수와 포교사들이 군부대 초청강연회 및 장병위문행사에 서온 것이다. 또 6·25전쟁기에 전후방 각지에서 본격적인 활동을 폈던 종군포교사회(從軍布敎師會)에도 직간접으로 참여하였다.

이후 1960년대에 들어와서는 우정상·황성기 등 불교학과 교수들이 육해공 3군사관학교 생도들의 불교부 조직 등 군포교 활동을 지도하였다. 그런 가운데 1964년 3월 종단에서 국방부에 군승제도 실시 청원서를 제출하고, 이어 9월에는 예비적으로 동국대에 6개월 과정의 군승후보생교육원을 설치 운영하였다. 불교계의 이 같은 노력은 때마침 불교국가인 베트남(월남)에의 한국군 파병 문제와 맞물려 마침내 1968년 군법사 제도를 실현할 수 있었다.

개신교 측의 반대와 정부의 소극적인 태도 등으로 4년여 간의 우여곡절 끝에 실현된 군법사 제도는 기독교계 군종 활동에 비하면 20년이나 뒤늦은 것이었다. 그러나 여러 가지로 불리한 조건의 출발 속에서도 종단과 동국대학교는 함께 긴밀하게 협력하는 가운데 군승예범(軍僧禮範)을 마련하고 복제·호칭 등 필요한 규정들을 제정하여 국방부에 제출하는 한편, 시험(교의·불교사·의식·영어)을 통해 제1기 군승후보생을 선발하는 등 모든 준비를 갖추어 갔다.

당시 제1기 군승후보생 선발시험은 5대1의 경쟁을 거쳐 1차로 10명을 선발한 후, 다시 1개월간 염불 및 법례 행위를 익히는 습의(習儀) 교육 과정을 거쳐 최종 선발된 5명의 후보생이 1968년 9월 14일 육군보병학교에 입대하게 된다. 그들은 권기종·권오현·장만수·김봉식·이지행 등 5명이었는데, 그 가운데 앞의 3인이 기원학사 동문들이다. 이들이 10주간의 특수간부과정(SOCS) 군사훈련을 받고 군승장교로 임관하게 된 11월30일은 한국불교사상 최초의 군법사가 탄생한, 한국불교포교사에서 새로운 장이 열리는 날이었다. 이렇게 선발된 제1기 군법사 5명은 국방부와 육군의 방침에 따라 국내 육군본부에 1명이 배치되고, 4명은 1969년 1월부터 베트남에 파병 되었다. 이어서 1969년에는 공군, 1970년에는 해군에서도 차례로 군법사가 배출되기 시작하였다.

군법사의 베트남 파병은 군법사 제도 도입의 가장 중요한 원인이기도 하였다. 그 만큼 이들에게 거는 기대와 희망은 군내는 물론 불교계 그리고 베트남 현지에서도 대단히 높았다. 군법사들은 1969년 1월부터 1973년까지 4년의 파병 기간 중 주월사령부와 맹호·백마·십자성 등 사단급 부대에 모두 16명이 근무하였다. 이들은 장병들의 신심 안정을 돌보는 한편, 불교를 매개로 한 현지 대민활동에 나서는 등 성공적으로 임무를 수행하였다.

1968년 11월 최초의 군법사 임관 이후 초기 군법사들은 주로 전쟁 중인 베트남에 파견되어 활동하였다. 이들이 귀국한 후에는 다시 국내에서 군종 업무 및 군포교 활동 전반에 관한 업무 개척과 실제적인 활동에 매진했지만 난관은 하나 둘이 아니었다. 특히 제1기 군법사들을 중심으로, 그들이 부딪치면서 실천해 간 군내의 모든 활동은 그대로가 용맹정진의 땀이 배인 자취로서 군불교 개척의 새로운 역사였다.

몇 가지 예로서, 우선 군법사의 호칭 문제만 해도 그러했다. 오늘날 군법사로 불리는 호칭(呼稱) 또는 지칭(指稱)은 처음에는 여러 가지로 혼용되었다. 군승·종군승·종군법사·군종법사 등이 그것이다. 그러나 1기 군법사들은 실제 현장에서 대체로 군승으로 불리었는데, 그 어의(語義)도 마땅하지 않았지만 호칭과 지칭의 경우 성씨와 결합하여 '권군승' '김군승' 같이 어감도 어색하고 부자연스러웠다. 이에 권기종·권오현 등 1기생들이 함께 깊게 논의한 끝에 '군법사'를 통일적으로 사용하기로 정하고 이를 정책으로 반영되도록 추진하였다. 이에 따라 군목들의 호칭에도 더불어 변화가 일어났다. 그 동안 기독교·천주교의 목사·신부를 함께 군목으로 불러 왔는데 군법사가 들어옴에 따라 이들 또한 군목·군신부로 구분해 부르고, 전체의 공식 명칭을 군종장교로 변경하게 된 것이다.

이 같은 호칭 문제를 비롯하여 군종 제도에 처음 참여하게 된 군법사들에게는 복장, 두발 등에서부터 의식주 전반에 이르기까지 모든 것이 새로운 일이었고, 연구·검토·확립의 대상이었다. 그러나 1기 군법사들을 더욱 어렵게 하는 것은 이 같은 군종장교에 대한 인식이나 군대 내의 생경한 문화가 아니었다. 무엇보다도 불교 활동을 위한 시설과 포교 기반의 태부족이 더 심각한 문제였다. 법당이 없는 것은 물론 불교교재도 마땅한 것이 없었고, 법회 형식과 불교 예식 등 기존의 음력 사용과 한문 중심의 문화적 전통들 역시 그대로 군대 문화에 적용하기가 어려웠다.

이와 같이 모든 것이 준비되지 않은 상태에서 고군분투해야 했던 1기를 비롯한 초창기 군법사들은 말 그대로 군불교 개척의 선구자들이었다. 이 같은 군불교 현장의 최일선에서 특히 우리의 기원학사 동문들의 선도적 역할은 군불교 활동이 크게 확장된 지금도 여전히 전설처럼 회자되어 온다.

참고로, 초창기 군법사들이 출가와 독신 여부 등 신분 문제를 언급해 둘 필요가 있겠다. 현재의 군법사는 조계종의 비구승려로 한정되어 있지만, 군법사 1기생 시대는 물론 90년대 말까지만 해도 그 자격기준은 달랐다. 즉 군법사는 '동국대학교 불교대학을 졸업하고 대덕(大德)의 법계를 품수한 자'로 종단과 국방부에서 실시하는 시험을 통해 배출되었던 것이다. 다시 말하면 군법사 제도 시행 초기와 활동의 개척 시기에는 출가 또는 독신승 여부를 문제삼지 않았다. 60~70년대만 해도 군법사를 지원할 수 있는 승려 신분의 대졸자가 많지 않아 군법사 인력 수급 때문에도 부득이한 일이었다.

이런 사정 등을 이유로 1980년 당시 조계종의 '정화중흥총회의'에서는 현역 군법사에 한해 독신 여부에 상관없이 복무를 허용하고, 전역 시 지계(持戒) 부분을 심사하여 종단 복귀 등의 문제를 처리한다는 조항의 종헌이 만들어지기도 했다. 그러나 2000년대에 들어와 종단 내부에서는 조계종의 정체성에 비추어 군법사 또한 반드시 독신승으로서 군포교에 임해야 한다는 의견과 여론이 크게 일어난다.

이에 따라 마침내 2009년 군법사 관련 종헌을 개정, 군법사의 독신 예외 조항은 폐지되었다. 조계종의 '출가와 독신승' 원칙의 자격 기준 변동에 따라 당연히 몇 가지 변화도 뒤따랐다. 우선 호칭이 군법사에서 다시 군승으로 바뀌었고, 완전히 삭발한 머리에, 군복 위에는 종전의 법사가운 대신 조계종의 장삼과 가사를 그대로 착용하게 하였다. 또한 여군이 함께 근무하는 병영 현실에 따라 비구니군승 제도를 새롭게 운영하고 있어 불교종단만의 특색을 이룬다.

어떤 제도이든 시대가 지나면서 어느 정도의 변화는 나타나게 마련이다. 어쨌든 이 지점에서 우리는 군법사 업무의 개척과 정착에 고군분투해 온 초기 군법사 동문들의 열정과 헌신을 새삼 떠올리지 않을 수 없다. 오늘의 군 안에서 불교군종 활동이 지니는 큰 의미와 그 파급 영향을 생각할 때 더욱 그러하다.

5

불교학의 발전적 계승

　기원학사의 전통은 젊은 불교학도들의 우애와 신행의 공동체적 삶은 물론 학문적 정진과 성취를 서로 자극하고 격려하는 형식과 내용을 통해 더욱 확고해져 왔다. 선후배가 좁은 방 한 칸에서 함께 공부하며 선배가 후배에게 영향을 끼치는 등의 분위기는 앞서 초동 시대에서 회고한 바 있다. 또 안암동 시대에도 초동을 잇는 전통적 생활방식을 지켜가면서 선배들의 뜨거운 독려를 받고 불교학을 배우고 익히기에 전념하였다. 그런 수행과 학문의 전통이 특히 기원학사 동문들을 학자·교수·교사 등 교육 분야의 인재로 성장하게 하는데 원동력이 된 것으로 볼 수 있다.

　초동 시대와 안암동 시대를 통틀어 학부를 졸업한 후 대학원에 진학하여 각자의 세분화된 불교 전공 분야를 닦아 대학교수가 된 동문은 총 27명으로 집계된다. 이들은 대략 50~80년대에 걸친 30여년 기간 중에 기원학사에서 생활하고 졸업했던 사생들이다. 그 기간에 배출된 전체 교수 인력의 분포를 감안하면 결코 적은 인원이 아니다. 그러나 관심의 요점은 인원수의 많고 적음이 아니다. 더욱 중요한 것은 동국대학교는 물론 한국 불교학 발전의 역사에서 이들 기원학사 동문 교수들의 역할과 기여가 어떠했는가 함이다.

그런 뜻에서 이들의 불교학 연구의 성과를 말하기 전에, 먼저 한국 근대불교학의 출발과 진행 등의 과정을 일별하고자 한다. 이런 학문적 전개를 바탕으로 한 동문교수들의 역할과 위상을 밝히는 것이 의미가 있을 것으로 생각하기 때문이다. 우선 한국 불교학 연구의 전개 과정을 ① 근대 불교학 연구의 자각과 개척 ② 한국 불교학의 형성과 정착 ③ 불교학 연구의 새로운 전환으로 나누어 간략하게 언급해본다.

① 근대 불교학 연구의 자각과 개척

이 시기는 편의상 명진학교가 설립된 1906년부터 혜화전문 시대를 거의 마감하는 1945년 광복까지로 잡을 수 있다. 온전히 일제강점기에 해당하는 이 시대의 불교학 연구 활동은 그대로 우리의 근대적 불교 연구의 초기 역사이기도 한 셈이다. 이처럼 일제 강점기로부터 시작한 근대 불교학 연구를 선두에서 열어 간 것은 종래 경교(經敎)의 학을 닦아 온 교학자들이었다. 즉 전통교학의 전문가들이 소위 과학적인 방법에 의한 불교학 연구의 필요성을 자각하고, 그 개척에 나선 것이다.

근대적 의미의 불교학 연구로서 맨 먼저 모습을 드러내 보이는 것은 인물사를 포함한 불교사학, 그 중에서도 특히 한국불교사 부분이다. 권상로·이능화 등이 선두에 서서 통사적(通史的) 성격의 저술을 선보였고, 불교잡지에 단편적인 연구를 연재하기도 하였다. 그 뒤를 이은 최남선과 김영수는 한국불교의 종파사를 다룬 본격적인 연구 논문들로 한국불교의 특성 및 체계화를 시도하였다. 그밖에 박한영·강유문 등 많은 불교학자들이 불교학, 또는 불교의 주요 이슈들에 대해 자신의 견해와 주장을 폈으며, 에다 도시오(江田俊雄)·다카하시 도오루(高橋亨) 등 일본학자들도 한국불교 관련 주요 논문과 저술들을 내놓았다. 이 같은 근대 불교학 연구는 양적·질적인 면에서 매우 영세하여 아직은 계몽적 수준을 크게 벗어나지 못하였다. 일본인 학자들의 한국 불교 연구를 제외한다면 더욱 그러하였다

② 한국 불교학 형성과 정착

불교학 연구의 이 두 번째 단계는 그 내용상 두 가지 경향을 띠고 진행되었다. 명확하게 그 시기를 한정해 말하기는 어렵지만 일본식 학문 연구 경향의 전반 모습과, 불교학 연구의 양적 증가와 학문적 성숙의 진척을 이룬 후반의 경향이 그것이다.

광복 이후의 혼란기와 6·25전쟁 기간 중에는 사회의 모든 분야가 파괴, 정체되어 있었던 것처럼 불교학 또한 예외가 아니었다. 이 같은 정체를 겪은 다음 1953년 동국대학교에 불교대학이 개설된다. 이로부터 근대의 자각과 개척기에 이어 불교학 연구가 재개되었지만, 이는 불교학 연구의 초기나 거의 다름없는 상황이었다. 이러한 단계를 이끈 학자들을 한국 불교학 1세대로 부를 수 있겠는데, 김잉석·김동화·조명기 등을 그 대표적인 인물로 보아야 할 것이다.

이들은 모두 전통적인 불교교학을 쌓고 신학문에 접한 다음 일본에 유학하여 교육을 받은 학자들이다. 그런 만큼 한국의 불교학 초창기 연구는 일정 부분 일본의 학문 연구 방법과 일본 불교학의 영향 또한 없지 않았다. 광복 이후의 참담한 혼란과 폐허를 딛고 일구어 낸,

이들 1세대 불교학자의 연구로서 첫 손에 꼽히는 것은 김동화의 『불교학 개론』(1950년)이다. 그러나 한국불교 최초의 불교학 입문서라는 큰 의미에도 불구하고, 이에 대한 일부의 비판이 있었던 것도 이런 사정을 반증한다. 하지만 더욱 주목해야 할 것은 김동화·조명기·김잉석 등 1세대 학자들에게서 나타나는 또 다른 학문적 경향이다. 이들은 저술을 통해 중국 및 일본불교에 대비되는 한국불교의 특성을 추구하고, 일본불교의 영향과는 다른 한국불교의 정체성을 추구하였다.

③ 불교학 연구의 새로운 전환

대략 60~70년대를 거치며 형성·정착된 한국의 불교학이 다시 80년대부터 그 기반이 더욱 확대 강화되어 왔다. 한국 불교학이 이처럼 성장해 온 요인은 무엇보다도 불교학연구 층이 그 만큼 두터워졌기 때문이다. 즉 그 동안 동국대학교 불교대학이 배출해 낸 석·박사와 외국 유학을 마치고 돌아온 젊은 학자들이 저술과 논문 발표 등 왕성한 연구 활동을 펼쳐나간 것이다. 여기에 더하여 동국대 이외의 각 대학과 학계에서 불교학 연구가 점차 활성화해 온 것도, 특히 80년대 이후 한국 불교학 성장에 한 요인이 되었다.

이 시기를 전후하여 불교학 연구를 주도해 간 것은 역시 동국대 불교대학을 중심으로 한 학자들이었다. 그 활동 기간을 도식적으로 구분 짓기는 어렵지만, 대략 60~70년대에는 김잉석·김동화·조명기·장원규·우정상·이종익·홍정식·황성기·이재창·김영태·김운학 등 불교학과 교수와, 원의범·정태혁·이기영·서경수 등 인도철학과 교수들이 주로 활동해 왔다.

그리고 이들 중 몇몇의 활동이 계속되는 가운데, 불교학과의 김인

윗줄 오른쪽부터 김진석 홍영춘 오형근 김갑년 권오성 김영태 교수 권용범 장원규교수 권정덕 김동화교수
이영구 조명기총장 김수창 홍정식교수 서윤길 권기종 ? 둘째줄 오른쪽부터 배종규 허남준 이시훈 송영섭
이철교 송용기 황규정 김상철 장만수 셋째줄 오른쪽부터 민경환 박경호 김명규

덕·오형근·목정배·이영자·권기종·서윤길·고익진·조용길·신현
숙·김영길·윤호진·이도업·최법해·이만·이봉춘·김용표·박경준,
인도철학과의 정병조·김선근·서성원·이지수·정승석 등이 앞선 선
학들의 지도와 자강불식의 면학으로 교수·연구 활동의 주축을 이루
었다.

　한편, 이런 과정에서 전문 승려교육을 위해 개설한 승가학과(1971년
12월 31일 인가)가 종학(宗學) 강화 및 일반인에 대한 개방을 위해 선학
과로 명칭을 바꾸었고(1980년 10월 2일), 이 선학과에는 김운학·이지
관·채인환에 이어 이법산·최현각·한보광·장계환·전해주·강혜원·
박종호·정성본·정유진·이진월 등이 자리를 잡았다.

90년대 이후 불교학 연구의 저변 확대와 질적 수준의 향상은, 이들 불교학자들의 연구 및 교수 활동을 통한 후학들에 대한 각별한 지도가 크게 주효한 것으로 볼 수 있다. 이러한 전통적 교학상장(敎學相長)의 맥락에 따라, 현재 고영섭·김호성·박인성·김종욱·황순일·지창규·우제선·신성현과 김성철·윤영해·안양규·석길암·김영진·김종두 등의 신예 교수들이 동국대 불교학의 학맥을 이어가고 있다.

이상에서 거칠게나마 한국불교학의 근대적 연구 개척 및 그 형성과 정착, 새로운 전환의 과정을 일별하였다. 이는 동국대학교 불교대학의 역대 교수 및 연구자들의 학문적 노력과 성과의 총합이다. 이 같은 활동과 성과를 통해 확인하고자하는 것은 결국 기원학사 동문법우교수들의 참여와 기여의 역할을 간접적으로라도 짐작해 보고자 함이다.

물론 그런 뜻에서라면 기원학사 동문법우 교수들의 연구와 저술 등의 내용을 좀 더 구체적으로 분석 종합하면서 결과를 확인해야 할 것이다. 그러나 여기에서의 그러한 작업은 적합하지 않으며 현실적으로 불가능하다. 따라서 그 개별적 학문 활동 및 내용 소개를 대신하여, 여기에서는 기원학사 동문법우 교수 27명의 재직 대학 및 학위 관련 사항을 중심으로 간단하게 정리해 두기로 한다.

기원학사 동문법우교수들의 학위 논문 및 재직 대학

졸업년도	성 명	박사학위논문	재직대학
47년	이외윤		경기대 (총장)
55년	이재창	고려사원경제의 연구(동국대, 1975. 8)	동국대

졸업년도	성 명	박사학위논문	재직대학
58년	김지견	신라화엄사상의 연구(동경대, 소화 48.3)	강원대 · 정문연
59년	김영태	신라불교신앙의 연구(대정대, 1989. 3)	동국대
61년	김인덕	삼논현의 현정논 연구(동국대, 1980. 2)	동국대
61년	박동기	선수행법의 역사와 실천에 관한 연구 (원광대, 1993)	동국대
62년	목정배	의적의 보살계본소 연구(동국대, 1988. 2)	동국대
64년	권기종	고려후기의 선사상 연구(동국대, 1987. 2)	동국대
64년	오형근	초기유식사상의 연원과 아뢰야식 성립에 대한 연구(동국대, 1987. 2)	동국대
64년	김 철	무도에 있어서 수식관과의 관련성 연구 (스리랑카 필라데니아대, 1978.)	원광대
65년	박선영	불교적 교육관에 관한 연구(동국대, 1980. 8)	동국대
66년	강건기	Thomas Merton and Buddhism : A comparatlve study of the spirotual thought of Thomas Merton and that of national teacher Bojo(뉴욕대, 1979)	전북대
68년	서윤길	고려시대의 밀교 연구(동국대, 1987. 8)	동국대
69년	고익진	한국고대 불교사상사 연구(동국대, 1988. 2)	동국대
72년	최성렬	목우자 지눌의 원돈관 연구(동국대, 2007. 2)	조선대
72년	이봉춘	조선초기 배불사 연구(동국대, 1991. 2)	동국대
74년	이 만	신라 태현의 성유식론학기에 관한연구 (동국대, 1988. 8)	동국대
75년	박상국	한국불교 서지학 연구(대정대, 평성 17. 3)	동국대

졸업년도	성 명	박사학위논문	재직대학
77년	박경준	원시불교의 사회경제사상 연구(동국대, 1993. 8)	동국대
77년	이희재	박세당 사상 연구(원광대, 1994. 8)	광주대
78년	김용표	Hermeneutics of the Scriptural Word in the Prajna-Madhyamika System(템플대, 1992.)	동국대
79년	권탄준	화엄경의 여래출현사상 연구(동국대, 1991. 2)	금강대
80년	권오민	경량부철학의 비판적체계 연구(동국대, 1991. 8)	경상대
81년	장 익	밀교형성에서의 중관유식의 교학적 수용 연구 (동국대, 1997)	위덕대 (총장)
82년	김호성	선관(禪觀)의 대승적 연원 연구(동국대, 1997. 9)	동국대
85년	차차석	법화경의 본서사상에 대한 연구 : 사회적 실천 이념을 중심으로(동국대, 1994. 2)	동방문화 대학원대
86년	권기현	An Analytical Study of Origins and the Development of the Jatakas(베나레스 힌두대, 1992)	위덕대
94년	김영진	장태염(章太炎)불학에서 개체와 윤리 연구(동 국대, 2005.8)	동국대

　　이상의 자료에 보이는 몇 가지 사실을 통해 이들 동문법우교수들의 활동 및 역할의 일부도 함께 엿볼 수 있다.

　　첫째, 초동과 안암동 시대 전 기간 중에서, 특히 60~70년대 졸업생 중에서 배출된 교수가 많다.

　　둘째, 교수들 대부분은 모교에 재직하며 후학을 양성한다.

　　셋째, 동국대 출신 교수로서의 위덕대, 금강대, 동방문화대학원대학 등 재직은, 불교계 종립대학에서의 불교학의 학문적 성장 발전에 있어 일정 부분의 기여 역할을 말해준다.

넷째, 경기대·강원대·한국정신문화연구원·원광대·조선대·광주대·경상대 등에 교수로 재직함은 좀 더 특별한 의미 부여가 가능하다. 일반계 대학에서 연구·교육 활동을 함으로써 불교학에 대한 일반의 인식 제고와 그 저변 확대에 어떤 형태로든 역할과 기여가 있다는 뜻에서이다.

다섯째, 기원학사 동문법우교수들의 존재와 그들의 다양한 학문 활동은, 60~70년대로부터 이후 2000년대에 이르러 오면서 점차 확대되고 강화되어 왔다. 이는 결과적으로 이들에 의한 한국 불교학의 발전적 계승 측면으로 평가할 수 있겠다.

6

불교의 길, 삶의 길

앞서, 기원학사 동문법우들의 졸업 후 불교계 활동과 역할을 크게
세 그룹으로 구분하여 살펴보았다. 먼저 교법사와 군법사 두 그룹은
해당 분야 제도를 통한 개척불교 활동의 관점에서, 특히 제도 초기 동
문법우들의 선도적 역할에 주목하였다. 이 같은 선배들의 개척불교
활동은 다시 후배들의 땀과 노력이 더해지면서 오늘의 제도적 안정과
발전을 이루어왔다. 나머지 또 한 그룹은 기원학사 동문법우들로서
학계에 진출한 경우이다. 이들은 동국대학교를 비롯하여 국내 각 대
학에 교수로 재직하면서 불교학 연구의 질적 향상은 물론, 교육을 통
한 불교의 저변확대에 큰 역할을 담당해 왔다.

이들 세 가지 분야의 활동은 어느 유형이든, 기본적으로 불교를 배
우고 다시 그것을 가르치는 일이다. 그러나 굳이 이 같은 유형 구분과
는 무관하게 불교를 공부한 사람은 누구나 크게 두 가지 길이 함께
있음을 안다. 곧 불교의 길과 삶의 길이다. 이를 구분하여 진제(眞諦)
와 속제(俗諦), 혹은 열반의 길과 세속의 길로 표현할 수도 있겠다. 하

지만 이들 두 가지 길은 서로 다른 노선이 아니며 별도의 세계가 아니다. 불교의 길을 추구하기 위해 삶을 놓아 버리거나, 삶 때문에 불교를 포기하는 그런 길이 아니다.

불교와 삶은 양면을 지닌 하나의 길이다. 아니, 굳이 양면일 것도 없이 불교 그대로가 삶이고 삶이 그대로 불교이다. 그야말로 금강경에서 말씀하는 무유정법(無有定法)의 참뜻이 여기에도 그대로 통한다. 다만 한 가지로 고정되어 있다면 어떤 형태이든 그것은 완전한 진의가 아니라고 말할 수 있다. 그래서 참으로 불교인은 불교가 그의 삶이고 삶이 그대로 그의 불교가 된다. 언제 어디서나 마음에 가장 적절하게 불교와 삶을 하나의 바른 길로서 운용하는 것이다.

그런 의미에서 기원학사 동문들의 삶은 각기 다른 모습 가운데서도 하나의 큰 공통성을 지닌다. 불교와 삶이 함께 조화로운 바로 그 모습이다. 이 같은 묘한 조화는 이미 기원학사 사생 시절의 일상에서부터 몸과 마음에 배어온 것일 수 있다. 기원학사의 생활 자체가 그러하였다.

함께 불교를 배워 익히고 저마다 사유하며 학창 시절을 보내는 가운데서도 그들이 모두 같지는 않았다. 불교 공부에 철저하게 전념하는 사람이 있는가 하면 학업에 크게 관심을 두지 않는 사람도 있었다. 어떤 사람은 대학 생활을 즐기고 노는 일에 유능했고, 누구는 술을 즐기거나 초동 기원학사 지하에 기식하던 엑스트라 인력들과 패싸움에 앞장을 서는가 하면, 또 안암동 기원학사 마당에서 뜻밖의 경로잔치를 여는 발상을 보여주기도 한다. 하지만 신기하게도 불교에 대해서는 모두가 뜨거운 애정을 갖고 진지하게 고민하였다. 만학의 고익진이 동국대학교를 수석으로 졸업한 후 한 여성잡지의 요청을 받고 쓴 글에는, 가슴으로 느낀 기원학사 시절의 회고가 이렇게 나타나 있다.

저녁이면 모여 앉아 한국불교의 현실을 분석하고 토론하는 세미나가 저절로 열린다. 그들이 분석하는 현실은 암담하다. 거의 절망적이다. 이것도 학교 강의 이상의 가치가 있다. 나는 젊은 불교 엘리트들의 이 같은 번민을 보며, 한국불교는 죽지 않을 것을 확신한다. 그들의 자유로운 사색은 마침내 출신활로(出身活路)의 방안을 찾아내고야 말 것이기 때문이다. (고익진, '역시 공부는 늦지 않다', 「여성동아」, 1964. 4)

기원학사 사생들의 이 같은 의기로운 모습들이, 졸업 후 사회에 나가서는 또 다른 형태로 다양하게 전개되었다. 하지만 기원학사의 동문들이 이루고 연출해 낸 불교의 길, 삶의 길은 생각보다 훨씬 녹록치가 않았다. 60~70년대만 해도 불교학과에 대한 사람들의 인식과 이해는 낮은 편이었다. 불교학과를 장난삼아 '목탁과'로 부르거나, '졸업하면 스님이 되느냐'고 묻는 정도의 수준들이기도 했다.

그러나 출가가 어찌 범상한 일이던가. 실제로 일생일대의 가장 고귀하고 값진 결단으로 출가를 택하거나, 혹은 집안의 두터운 불연을 배경으로 출가하는 경우도 물론 없지 않았다. 그러나 일반인 졸업생 대부분이 가는 길은 평범한 직장인 아니면 자영업류의 길이었다. 60년대 중반 이후로는 대체로 그러하였다. 다만 문제는 그런 보통의 일들이 불교학과 출신의 경우에는 결코 쉽지 않았다는 사실이다.

70년대에 기원학사에서 생활한 한 동문이 겪었던 경험담이 있다. 몸도 건강하고 학교 성적도 상당히 좋은 편이던 그는 졸업 후 취직을 위해 이력서를 준비하고 여기저기 알아보았다. 그러나 불교학과 출신을 받아줄 직장은 없었다. 불교학과 출신의 이력서는 아예 해당 분야가 없어 서류 제출의 길 자체가 없는 것이나 마찬가지였다. 그럼에도 그는 포기하지 않고 이력서 낼 수 있는 직장을 계속 찾았고 마침내 이력서를 접수라도 해주는 곳을 만났다. 다름 아닌 복덕방, 지금으로 말하면 부동산중개업소였다.

그나마 얼마나 다행인가. 희망을 안고 면접을 보던 날, 그는 참으로 뜨악한 질문을 받게 된다. "풍수지리는 좀 보시지요?" 면접관 개인의 불교 또는 불교학에 대한 이해와 인식이 우매한 소치이긴 하였겠지만, 이 정도가 60~70년대 무렵의 사회적 인식 수준이었으니 동문법우들이 직장을 구하고자 할 때 얼마나 황당하고 참담하였는지는 불문가지(不問可知)이다. 그럼에도 그는 기원학사 출신답게 기죽지 않고 대답하였다 "풍수지리가 따로 있는 것이 아닙니다. 땅 반듯하고 볕 잘 들면 그곳이 다 명당 아니겠습니까!" 너무도 당당한 대답이었지만 그의 직장 구하기는 이렇게 해서 첫 시도에서부터 불합격으로 끝이 났다.

사생장 시절 기원학사 문호 개방의 흐름에 소신을 다해 정체성을 지켜내려 했던 그는 훗날 자영업으로 상당한 재력가가 되었다. 하지만 이보다 더 귀한 일은 그가 자신의 삶을 반조하면서 새삼 되찾게 된 불교적 재발심의 기회였다. 졸업 이후 척박한 현실 속에서 힘겹게 살아오는 동안 그는 옛 학창 시절의 순수하던 불심과도 멀어져 왔고, 불교인으로서의 당위성과 자긍심도 미처 챙겨볼 겨를이 없었다.

그러나 사업이 어느 정도 자리를 잡아갈 무렵 문득 이대로만 살아서는 안 되리라는 각성에 이른다. 이로부터 그는 새롭게 마음을 가다듬으며 그 동안 잊고 지내온 불서들을 두루 섭렵하기 시작했다. 그 가운데에서도 그에게 새삼 놀라운 법음으로 다가온 것은 금강경의 성언(聖言)과 지혜들이었다. 그는 여전히 분주한 사업 중에도 항상 '응무소주 이생기심(應無所住而生其心)'의 지혜를 되새기며, 요익유정(饒益有情)

을 발원하고 있다.

기원학사 동문들의 경험이 다 같지 않을 것임은 물론이다. 누군가는 성공을 경험하고 또 누군가는 실패를 맛보기도 한다. 그러나 우리들 대부분은 평범한 인생길을 거쳐 가면서 가슴 속에 불심 하나 오롯이 지키며 의미 있는 삶을 이루고자 한다. 그 의미 또한 저마다 다르겠지만, 이만하면 잘 살았다고 할 만한 기원학사 동문은 얼마든지 있다. 아니, 대부분이 그러했다고 스스로 생각할 것이다.

그런 뜻에서 우선 기원학사 동문들이 불교의 영역을 넘어서 각 분야에서 이루어 온 성공적인 삶의 결실들을 찾아보는 일도 그리 어렵지 않다. 대학 시절의 긍정적 자기 신념과 활동의 역동성에서도 예견할 수 있듯이, 기원학사 동문들은 전혀 의외의 분야에서도 거침없이 진출하고 결실들을 이루어냈다. 뿐만 아니라, 각자의 생업 활동을 성실히 이행하면서 변함없이 부처님의 가르침과 기원학사 시절부터 체득된 발심 수행의 자세를 흐트리지 않고 진지한 불심 구현을 자기 삶의 형식과 내용으로 삼고 있다. 이들 모두 어떤 형태이든 궁극적으로 불교적 삶으로 회향하고 있음에 눈길이 가는 것이다. 대략 60~70년대 동문법우들을 중심으로, 그 대표적인 몇몇 경우를 간략하게 일별해 보고자 한다.

이민홍

이민홍(64년 졸업) 법우는 사생시절부터 사생장으로 리더쉽을 발휘하고 절제되고 규칙적인 생활 태도로 자기 계발에 힘썼으며, ROTC후보생으로 졸업 후 군문에 투신하였다. ROTC 2기로 임관한 2615명 중에서 배출된 3명의 장군 중 1인으로 자부심이 높다. 한국육군대학 정규과정을 수료하고, 다시 자유중국 육군대학 정규과정을 우등생으로 수료하는가 하면 국방대학원 입교 시에는 1등 수료의 관록을 보였다.

그는 군복무 중에도 항상 불보살의 가호 은덕임을 명심하면서 모교에 도움이 되리라 생각하였다 한다. 그래서 그의 첫 복무지를 모교 학군단 선임교관으로 지원하여 부임하였으며, 이후 월남 참전 등 군복무를 마치고 육군소장으로 전역하였다. 생애의 중요한 기로에 설 때마다 '나의 태산같은 빽 관세음을 주야로 불렀다'는 그가 요즘은 '외로이 황혼에 서 있을지라도 그 기백만은 금강이 되어야 한다'고 노익장을 과시하고 있다.

김형태

법우회 송년회에서 자작한 서예작품으로 송구영신의 복을 나눠주던 김형태(65년 졸업) 법우는 마침내 제32회 대한민국 서예대전에서 입상한다. 그 또한 ROTC 3기 임관으로 통역장교로 시작하여 태권도교관으로 주월사령부에서의 복무를 마치고 청와대 안보담당특별보좌관실에 근무하다 전역하게 된다. 전역 후 GM코리아 팀장으로 입사, 이후 대한조선공사 해외지사(사우디·홍콩·동남아지역) 본부장 등을 역임한다. 그는 독자적인 기업가 정신으로 (주)벽상·명동·다인체 등을 설립 경영하였다. 한편으로는 역시 재학 때부터 닦은 불심의 구현으로 현재 세계불교도우의회(WFB) 산하 세계불교대학 운영위원으로 활동하고 있다.

그의 이러한 이력의 다양함과 아울러 법우회에 베푸는 정성과 애정보다도 더 관심과 부러움을 사는 것은 젊은 시절부터 그가 가는 곳마다 반드시 묘령의 여인과 함께 해왔다는 사실이다. 바로 그 주인공은 그의 부인인 홍성숙(65년 졸업) 동문이다. 둘은 불교학과 동기생으로 재학 시절부터 두 사람의 로맨스는 사생들 간에도 잘 알려진 바 있다. 이렇게 둘은 소문난 연리지(連理枝) 부부, 불심 부부의 모범으로 모교 발전을 위해 상당한 정재를 학교발전 기금으로 기부하기도 하였다.

홍영춘

불교학과 창설 110주년(2016년) 기념식에서 명예로운 동문상을 수상한 홍영춘(65년 졸업) 법우의 동문애는 불교학과 동문회 재가회장에 취임(2011년)하는 등으로 입증되고도 남는다. 그의 동국대 불교학과와의 인연은 남다르다. 그의 부친 홍원식 선생이 1936년 중앙학림을 졸업한 바 있으니 부자(父子)동문가족이며, 불교학과에서 많은 후학 제자들을 배출한 홍정식 교수는 숙부가 된다.

그도 ROTC 3기 출신으로 정훈장교로 임관 복무 후, 대한석유공사 부산지사장, 서울·경기·강원지역 본부장을 역임하고, 이후 SK글로벌에너지(전 대한석유공사) CEO 및 SK 네트웍스 고문을 역임하였다. SK에너지에 40여년간 재직하면서 석유시장의 마케팅분야와 시장개척과 경쟁우위 확보에 전념한 경영능력을 인정받아 브리태니커사 선정 '세계 100대 CEO' 중 1인으로 선정되기도 했다. 이후 동보석유 대표이사·㈜상인 대표이사를 지냈으며, 한국석유유통협회부회장과 한국가스공업협회 부회장을 역임하였다. 평소 '언제, 어디에 있더라도 꼭 필요한 사람, 쓸모 있는 사람, 남이 탐내는 사람이 되라'는 신념을 피력하며,

후학들에게 사회 변화에 대응할 수 있도록 항상 자기 계발에 힘쓰라는 당부를 하고 있다.

박광도

기원학사 사생 시절부터 그 상남자됨의 기백이 잘 알려진 박광도(65년 졸업) 법우는 대학을 졸업하자마자 곧장 주저없이 불교의 정신을 실천적 삶으로 구현하는데 몸을 던졌다. 부친이 일구고 있던 경주 선원사(仙源寺)로 내려간 것이다. 당시 32세의 청년 혈기를 쏟아 경주시 충효동 산 18번지 일대 선도산 기슭에 황무지를 개간하여 500여평을 일구었다.

거기에 6칸 교실을 짓고, '생활하는 불교'의 참뜻을 구현하는 자비학교 〈충국실업고등공민학교〉를 설립하였다. 1백여 명의 학생들을 모집하고 수업료 무료의 농업·축산·양재 등 실업교육을 실시하였다. 아쉽게도 현재 이 학교는 없어졌다. 그러나 박광도 법우는 선원사를 중심으로 살아있는 불교, 생활하는 불교, 생산하는 불교를 지향하는 자신의 신념을 지금도 펼쳐내고 있다.

송금엽

이와는 달리 조용한 모습으로 자신의 불교적 실천을 묵묵히 이어간 동문도 놓칠 수 없다. 송금엽(65년 졸업) 법우는 몸과 마음을 다해 오로지 대중을 위한 불교잡지의 편집자로서 일생을 헌신해왔다. 그의 불교사랑은 일찍이 고익진·권오현·한정섭·홍영춘 등과 함께 '두토회'(매월 두번째 토요일 모임)라 자칭한 실천불교 모임에도 빠지는 날이 없을 정도로 한결같았고 지극하였다. 활달한 모습을 드러내는 성품은 아니었지만 불교학과와 기원학사의 소식 언저리에서 항상 소박한 마음을 보태며 함께 해온 것이다.

그가 편집자로서 가장 오랫동안 정성과 역할을 다해온 불교잡지는 1963년에 창간하여 1987년까지 간행한 월간 「법시(法施)」이다. 이 잡지는, 한국 거사불교에서 백봉(白峰) 김기추 거사와 함께 생활선(生活禪) 수행 풍토를 조성해온 종달(宗達) 이희익 거사가 처음 프린트본으로 간행을 시작한 것이다. 이런 「법시」가 자리잡기 이전의 불교계 잡지들은 대부분 창간 후 몇 해 지나지 않아 폐간을 맞곤 했다. 그런데 「법시」는 24년 동안 중단 없이 간행됨으로서 근현대 들어 최초로 장수한 불교잡지로 손꼽힌다.

이 '법시사'의 창립 배경에는 1961년 5·16군사구데타 전까지 조흥은행장을 지낸 정종원 회장의 원력이 있었다. 정회장은 일본 유학 시절인 1910년 후반에 불교와 처음 인연을 맺은 것으로 전해진다. 독실한 불자가 된 그는 불은에 보답할 만한 일을 무엇 하나라도 해보고자 하였다. 그러던 중 불법을 널리 펴는 것을 가장 뜻있는 일로 생각하며 이희익 거사와 함께 '법시사'를 창립하고 이를 뒷받침하게 된다. 당시 불교계에 초심자들이 쉽게 이해할 만한 입문서적들이 별로 없던 현실에서 단행본 불서 간행과 함께 「법시」의 발행으로 그 역할을 대신하겠다는 원력으로 '법시사'를 운영한 것이다. (불교신문, 2014년 3월 22일자 참조) 송금엽 법우는 이 같은 원력불사의 본의에 부합하는 노력과 정성으로 그 편집자로서 오랜 세월을 함께 해온 것이다. 이 또한 기원학사 법우의 아름다운 한 소신으로서 눈여겨보게 되는 일이다.

권오현

　2021년 신년 벽두에 법우회의 소식 회람에 참으로 반갑고 기쁘게 음미할 만한 내용이 있었다. 법우회 활동에 빠짐없이 적극적인 활성의 힘을 불어넣어주는 권오현(66년 졸업) 법우의 종손 권태환 군이 할아버지의 뒤를 이어 동국대 불교학과에 입학했다는 소식이었다. 마침내 조손(祖孫) 동문법우로 전개될 학연은 개인사로만 넘기지 못할 가슴 뭉클한 감동을 준다.

　그는 1기 군법사로 주월 백마부대 파병시 베트남에 최초의 백마사의 창건을 주도하였고, 초대군법사단장 · 예비역군법사회장 등을 역임하면서 군법사 조직의 기수 역할에 충실하였다. 예편 후 조계종 총무원 종무원으로 일하던 중, 참으로 큰 인연에 따라 생활불교운동에 매진하는 길목에 접어들었다.

　그 인연이란 불교계에서 자타가 인정하는 바 '이 땅의 유마'로 불리는 대원(大圓) 장경호(張敬浩 · 동국제강그룹 설립자)와 '한국불교의 사천왕'으로 일컬어지는 중원(中圓) 장상문(張相文 · 주유엔대사 · 대원정사 이사장 역임)의 부자(父子) 2대에 걸친 거룩한 서원(誓願)을 이루는 대업에 동참하는 기회를 권오현 법우가 만나게 된 것이다. 그는 유마의 문병(問病)을 담당했던 문수의 지혜마냥, 그들이 전 재산을 헌납하여 설립한 대원정사 · 대한불교진흥원 · 불교방송(BBS) 등 많은 불사에 제반 실무를 감당하며 탁월한 역량을 보여주었다.

　대한불교진흥원 사무국장 재임 시에는 50여 개의 군법당 창건, 불서 보급, 불교 관련 학술 활동에 다양한 지원책을 시행하였으며, 이후 불교방송 설립에 참여하고 전무이사로 활동하면서 불교계 방송 발전을 위한 헌신적 활동을 펼쳤다. 그런 만큼 불교계의 여러 분야에서 활동해온 많은 사람들이 그의 넉넉하고 두터운 지원과 조력을 받았음을 말한다. 그렇게 수행과 교화를 지향하는 대중불교의 실천을 원력으로 세운 대원(大圓)·중원(中圓) 두 거사의 숭고한 뜻을 아름답게 구현하는데 헌신하였다.

현재 본래 가문에서 창건한 충북 음성 백운산 고심사의 회주로서 주재하며, 법우회의 행사나 기원학사 재학생들의 행사에 빠짐없이 동참하여 생동감 넘치는 활동 모습을 보여주고 있다. 그의 저서『불언(佛言)이면 행하라』는 주위 사람들의 좋은 호응을 얻었다. 틈틈이 '발길 가는 대로'라는 여행기와 전국사찰가람 순례 기록인 '동서남도 유행(遊行)' 영상자료 등을 제작하여 법우회원들에게 꾸준히 알리며 법우들 간의 친목 도모와 후배 사랑을 북돋우는데 앞장서고 있다.

차재익

사생시절부터 기품이 당당했던 차재익(66년 졸업·1992년 순직) 법우는 역시 ROTC 4기로 공수특전단 장교로 임관하여 주월사령부 태권도 교관으로 복무하였다. 이후 준장으로 진급하면서 육군부사관학교장에 보임된다. 항상 활달하게 부대원들과 함께 전우애를 즐겨 나누던 그는 전투체력 향상 교육 활동 중 뜻밖에 순직하게 된다.(소장 추서) 향후 탁월한 지휘관으로 나아갈 것으로 주목받았던 국방인재의 상실은 많은 지인들에게 안타까움을 안겨주었다.

이영구

재학시 동대방송국 방송장으로 활동했던 이영구(68년 졸업) 법우는 부산 MBC 간판 아나운서로 20여년 재직하며 아나운서실장을 거쳤다. 이후 그는 불교 발전을 위해 헌신하겠다는 뜻으로 부산불교방송국 총괄국장으로 옮겨 지역사회에 불법을 널리 펼치는 활약을 하게 된다. 퇴임 후 그는 부산 기장에서 자연친화적인 농원을 경영하며 부산지역의 불교 포교 활동에 다양하게 참여하고 있다.

근래 그는 그의 방송적 기량을 십분 활용하여 추억의 가요 여행을 테마로 하는 '왕오전축국전'이라는 유튜버 활동으로 많은 사람들의 열렬한 호응을 얻고 있다. 신라승 혜초(慧超)의 『왕오천축국전(往五天竺國傳)』이라는 수행견문록을 패러디한 그 감각은 단순한 재치라기보다 평소 자신의 불도 신행의 저력을 대중화하고자 하는 간절한 마음을 느끼게 하기도 한다.

김수창

기원학사의 생활이 면학과 신행을 병행하는 진지한 분위기 속에서도 젊은 가슴의 열정을 완전히 식히기만 하지는 않았던 것 같다. 불교와 동국대와 기원학사가 함께 아우러진 가운데서 탄생한 한 부부의 인연을 초동 시대 에피소드의 하나로 보태어 본다. 이야기의 주인공인 김수창(69년 졸업) 법우는 사생 시절부터 유순한 가운데서도 강인한 심신이 돋보이는 바 있었다. ROTC 7기 후보생으로 졸업한 후 임관하여 공병 중령으로 전역한 그는 이어 국방대학원 문관으로 취업하여 해외정보국장을 끝으로 정년하였다.

　그의 초동 시대에는 기원학사 사생들과 기원학사 건물을 무단으로 점유하고 옹색한 생활을 해오던 주민들과 갈등이 빈번하였다. 대학 3학년 때 그는 쌍방 간 다툼의 와중에 부상을 입고 병원에 입원까지 하게 되었다. 그때 마침 한 주민의 자녀로 고3 학생이던 소녀의 간호를 받게 된다. 이런 인연으로 그 소녀와의 러브스토리가 이어져 결혼에까지 이르게 된 것이다. 그 순정의 소녀가 아내 손미진 여사이다. 이런 순정소설 같은 실화가 한 TV 프로를 통해 만천하에 공개되었으니, 이 또한 기원학사의 놓칠 수 없는 삽화의 한 장면이자 불연(佛緣)의 일단이라 보아도 좋을 것 같다.

송영섭

　사생 시절 유난히 사색적인 면모와 잔잔한 감성적 태도로 눈길을 끌었던 송영섭(70년 졸업·필명 송유하·1982년 타계) 법우는 동국대 입학 전인 보문고 시절부터 이미 뛰어난 소년문사로 대전지역에서 유명했다. 1964년 동국대 전국고교생문학콩쿠르에서 시 '주발'로 장원을 수상하게 되는데, 이때 심사를 맡았던 서정주 시인은 '가히 천재성이 인정'됨을 말했다 한다. 그러한 그가 굳이 문학을 심화할 수 있는 학과를 마다하고 불교학과에 입학한 것을 보면 그가 일찍이 불교적 사유와 문학적 정서의 융합에 남다른 관심을 가졌음을 짐작해볼 수 있게 한다.

　입학 후 동대신문에 입사하여 취재부장을 역임하는 한편, 시 '인연설(因緣說)'로 동대신문 문학상 본상을 수상한다. 그 즈음 그는 원효의

『대승기신론소(大乘起信論疏)』에 깊이 경도하여 주위에 그 내용을 설파하고 공부하기를 권하는 열정을 보인 사례가 여럿 알려져 있다. 졸업 후 「월간문학」 신인상 수상(1971년)으로 정식으로 시단에 데뷔하였다. 그는 불교적 사유의 시적 승화, 선비적 기질로 현실적 고뇌와 사회적 부조리를 고민하는 작품을 빚는 작업과 함께 「대한불교」 「주부생활」 기자를 거쳐, 어린이 전문잡지 「어깨동무」 편집장으로 활동하던 중, 그야말로 어느 봄날 '홀연히' 천재적 시업(詩業)을 멈추는 요절(夭折)의 안타까움을 남기고 떠나버린다.

역시 시인이 된 동생 송영숙이 그의 작품을 모아 유작시집 『꽃의 민주주의』를 출간했다(1993년). 이렇게 떠난 시인 송유하(宋油夏)를 지금도 아끼는 동료들이 2019년 4월 19일 〈문학의 집·서울〉 주최로 '작고시인 송유하 추모'행사를 열었다. 이 자리에서 소설가 이재인은 "그를 통해 양심을 배웠고, 사랑을 배웠고, 근면성실을 배웠다. 말없이 사유하던 사람, 한없이 인정을 베풀던 사람, 뜨겁게 문학을 사랑했던 사람'으로 회고한다. "…날품으로 버티고 사는 / 정직한 사내들의 기침소리와 / 철모르는 것들의 재롱이 / 엉겅퀴처럼 얼크러지고 / 우리의 설움이 창호지에 파도칠 때에도 / 눈 오는 날 사랑은 찬란해서 / 애달파라…" 그날 낭송된 그의 시 '암사동시(岩寺洞詩)'의 소절은 여전히 절창이다.

김기영

강인한 성격인가 하면 한편으로 매사에 섬세하고 투철한 김기영(71년 졸업·2004년 타계) 법우는 역시 ROTC 9기로 임관, 해병대 대위로 전역했다. 남달리 투철한 국가관에 입각하여 경찰간부후보 23기를 수료하고, 다시 경찰대학을 수석으로 졸업하였다. 국가안녕과 치안에 투신한 그는 청와대경비소대장, 서울경찰청 형사기동대장 등을 역임한다. 당시 거물 조직폭력배 검거 등 대형 사건을 성공적으로 처리하였고, 강동경찰서장 재직시 천호동의 소위 '텍사스촌' 집창시설 철폐 업무를 각종 회유와 협박을 무릅쓰고 거침없이 수행하였다. 그는 경찰계에서 강직한 성품의 유능한 원칙주의자로 익히 알려진 바 있었다. 마침내 2002년에는 서울경찰청 차장(치안감)의 소임을 맡게 된다.

향후 대한민국 치안책임자로 나아갈 전망이 분명하게 된 즈음, 그는 2003년 돌연 건강과 불가귀의를 내세우고 명예퇴직의 용단을 내린다. 그는 결국 치안정감 특별승진을 끝으로 공인으로서 활동을 접어 많은 주위사람들의 아쉬움을 샀다. 그는 이듬해 잠깐 도로교통안전공단 안전이사로 취임하였지만, 얼마 뒤 뜻밖에 타계의 부음을 전해주고 만다.

박종철

법우회에 대한 애정은 원로선배들이 더 지극함이 당연할 것이다. 지난 시절 기원학사의 환경이 좀 열악하더라도 그 돈독했고 열렬했던 수행과 면학의 추억이 세월이 갈수록 더 강렬한 향수를 불러일으키기도 하리라. 그래서 법우회 여러 활동에 여전히 원로동문법우들의 참여가 적극적이다. 그러나 새로운 시대 환경에 따른 역동성을 기대하는 부분을 추동하는 일에는 연부역강(年富力强)한 법우의 솔선수범이 요구되는 것이다, 여기에 박종철(73년 졸업) 법우가 그 기치를 이어받아 들게 되었다.

그는 졸업 후 관광회사와 무역회사 등에서 열렬하고 탁월한 역량을 발휘하며 우리나라의 산업화 시대에 한 몫을 했다는 자부심이 크다. 그는 1992년 3월 뜻한 바 있어 기업에서 물러나 평소 생각했던 대로 사회봉사의 길로 나선다. 종단이 위촉 운영하고 있던 목동청소년수련관에 입사하여 미래 인재들인 청소년들의 사회교육 활동에 헌신하였으며, 이어 역삼청소년수련관에서의 봉직으로 자신의 소신을 이 사회에 회향하고 있다. 청소년지도사로서 청소년시설 운영 활성화와 정책 제안과 자문 활동에 열성을 다하고 있으며, 2020년부터 법우회 회장을 맡아 새로운 법우회의 모습을 일구고자 분투하고 있다.

김형균

흔히 자신이 하나의 원(願)을 세우고는 '무소의 뿔처럼 홀로 나아가라'는 지침들을 내세우지만 제대로 관철해나가는 생애를 견지하기는 쉽지 않다. 호사스런 이름으로 일컬어지는 명성보다 분명 요긴한 일과 자리를 맡아 수행하는 진정성을 일컫자면 김형균(74년 졸업) 법우를 떠올리게 된다. 그는 재학 시 동대신문사 편집장으로 성실하게 활동하였다. 졸업한 후에는 「불교신문」 기자 활동을 시작으로 불교계 잡지 「법륜」 「금강」 「대중불교」 등의 편집장을 역임하였다. 이후 그는 불교서적을 전문으로 출판하는 '불지사'·'동쪽나라'를 설립하여 도서를 통한 불교 전파와 포교 활동에 전력하게 된다. 또한 한국불교의 미래지향적 새 지평을 열기 위해서는 자라나는 새싹 유아와 청소년을 대상으로 전문적인 홍법 포교 활동을 한다는 취지로, 어린이 포교잡지 「굴렁쇠어린이(「동쪽나라」)·어린이 전문극단 「동쪽나라」 등을 설립 운영한다.

그는 남들이 쉽사리 발상하지 못하고 추진하기 어려운 불교 관련 도서의 출간 작업에 앞장서서 추진하였다. 성철 스님 법어집 『선림고경(禪林古鏡)』 총서 총 37권을 편집하는 등 900여종의 불교서적을 편집대행 하였으며, 법정스님 법어집 『산에는 꽃이 피네』 등 700여 종의 불교도서를 출판하며 한결같이 불교계 언론 및 출판 활동에 매진해오고 있다.

또한 그는 평소 세 가지를 우선으로 하는 삶의 태도를 보여왔다. 불교 우선, 동국대 우선, 불교학과 우선이 그것이다. 불교계의 현안에 누구보다도 적극적인 관심으로 동참하고, 모교의 소식에 경탄하고 때론 회한하는 모습이며, 불교학과 관련 행사에 가장 빠짐없이 동참하는 그의 진정한 성실성은 주위 지인들의 뇌리에 선명하다. 불교학과 동문회나 기원학사법우회의 각종 행사에 빠짐없이 참석하되 자신의 명(名)과 면(面)을 내세우는 일이 없다. 다만 자기가 해야함직한 일만은 회피하거나 주저하는 경우가 없으니, 오로지 법우회의 듬직한 지표(指標)나 다름없다.

이상에서 보듯이 군장성이나 대기업의 본부장 또는 최고위급 경찰간부 등의 사례는 불교학과 출신과는 쉽게 연결되지 않는 분야의 직위들이다. 하지만 기원학사의 동문 중에는 그런 의외의 분야를 선택하고 매진하여 마침내 성공적인 결실들을 얻고 있다. 물론 일반화하기 어려운 특별한 경우들에 해당하지만, 이로써 최소한 불교학과 출신의 직업 분야 및 역할에 대한 고정된 선입견은 배제할 수 있다. 뿐만 아니라 그들의 성공적인 삶은 당연히 불교의 길로서 수용하고 회향한다는 점에서 함께 자랑스러워할 수 있다.

여기에서 관점을 달리하여 좀 더 생각의 지평을 넓혀보면, 기원학사에서 불교를 배우고 수행한 불교학과 출신들이 소박하고 진솔하게 지극한 마음으로 자신의 삶을 일궈나가는 경우도 적지 않다. 졸업 후 고향에 내려가 가업을 잇거나, 기업의 임원으로 또 각종 사회 현장에서 소임을 다하는 인재로 열심히 살아간다. 혹은 지역 사회에서 포교 활동과 함께 즐겨 봉사에 힘쓰는 경우가 있으며, 몸담고 사는 곳에서 알맞게 일하며 적정(適正)과 자족(自足)을 누리기도 한다. 요컨대 일일이 열거할 수 없는 수많은 삶의 현실에서 눈에 띄는 성공이 아니면 의미가 없는 것인가 하는 어리석은 자문에 당당한 자긍심으로 대답하는 사람들이다.

불교를 공부하고 깊게 사유하며 그것을 삶으로 실천해 온 사람에게는 결코 무의미한 삶은 존재하지 않는다. 본래 정해져 있지 않은 삶의 목표나 방향을 세우는 것도, 의미를 부여하는 것도, 모두 자기 스스로의 의지이며 일이다. 그런 뜻에서 기원학사 동문 모두는 저마다 자기의 방식으로 불교의 길과 삶의 길을 구현해 간다. 이는 얼마나 더 성공하고 얼마나 더 훌륭하냐의 문제가 아니다. 어떤 자리에서 어떻게 살든 그것은 각기 자신에게 부합되는 불교의 길이고 삶의 길임을 온 몸으로 말해주는 것이다. 불교의 진리로서, 또 삶에서도 정해진 길은 따로 없다. 기원학사의 모든 동문법우들은 그렇게 불교의 길과 삶의 길을 함께 실현해 가는 구도자들이다.

7

모두가 동국의 주인이 아니랴

앞에서 살펴보았지만, 우리들 법우에게 있어 불교와 삶은 서로 분리되지 않는다. 불교와 관련된 삶이든 무관한 삶이든, 성공이든 실패이든 그것은 결국 하나의 길이다. 우리 모두는 최소한 각자의 삶으로 불교를 드러내고, 불교에서 참 삶의 지혜를 길어 올리고자 하기 때문이다.

기원학사에서 청년기를 연마하여 면학 정진해온 동문법우들의 정신 바탕에는 언제나 불교와 동국이 함께 자리해왔다. 그들은 한결같이 불교와 동국의 명예를 드높이고 그 번성에 대한 기대와 염원을 접지 않는다. 이는 기원학사 법우들의 자기정체성이자 저마다의 주인의식이라고 말할 수 있다. 그런 뜻에서 이제 법우들의 삶의 면면에서 각별하게 불교 또는 동국정신의 구현이 돋보이고 그 지향에 간절함이 느껴지는 몇몇 이야기를 모아 본다.

김영태

동국대 불교학과 그리고 기원학사의 역사를 말함에 있어서 그 근본정신과 역사적 사실을 가장 바르게 증언하고 확인해줄 수 있는 원로법우로는 단연 김영태(59년 졸업) 동문을 첫손에 꼽을 수 있다. 현재도 변함없이 모교에 대한 각별한 애교심과 불교학과와 기원학사의 동문법우로서의 투철한 주인의식의 실천은 남다른 바 있다. 그는 6·25전쟁 이후 기원학사가 초동 서본원사 건물에서 다시 개원한 2년 뒤인 1954년에 불교학과에 입학하여 학부와 대학원을 졸업하였다. 불교공부에 대한 열성과 안목이 학부생 때부터 탁월하여 당시 원로교수들이 크게 기대하는 바가 있었다. 학부생으로 당시 교강사급의 필진으로 구성되는 『동국사상』 창간호(불교대학 연구논문집 · 1958년 12월)에 「풍월도(風月道) 창설에 대한 소고」(필자로 명기된 김광영은 그의 재학시 성명임)라는 논문을 예외적으로 교수 추천에 의거하여 당당히 실을 수 있었던 것도 그 한 예에 속한다.

그는 뒤늦게 일본 교토의 대정대(大正大)에서 「신라 불교신앙 연구」로 박사학위를 받았지만(1989년), 그동안 그가 독창적으로 천착하고 이룩해온 한국불교학 분야의 연구 업적들은 이미 국내외 불교학계에서 널리 회자되어 왔다. 불교의 교학 및 사상과 역사를 포괄하는 가운데서도 특히 한국불교사 부분에서 보여온 각별한 개척 노력과 그 결실들을 크게 인정받아온 것이다.

그 결과로서 『신라불교사상 연구』『한국불교사』『백제불교사상연구』『한국불교 고전명저의 세계』 등 20여 권의 저술(공저 제외)과, 「신라 백월산 이성(二聖) 설화 연구」「오교구산에 대하여」「신라에서 이룩된 금강삼매경」「가락불교 전래와 그 전개」 등 200여 편의 논문 등이 있다.

　이러한 학술적 노력과 더불어 학내 활동으로 불교문화연구원장·불교대학장을, 대외적으로 한국불교학회장·원효학회장 및 원효학연구원장 등을 역임하면서 항상 대학과 불교학계에 대해 학자와 신행인으로서의 올곧은 의식과 행동을 수범으로 보여 많은 후학들의 귀감이 되었다. 특히 기원학사에 대한 애정이 깊어, 사감을 맡았을 때(1970~1973년)는 야간 특강을 별도로 개설하여 직접 강의하며 사생들의 면학을 독려하였다. 그만큼 불교 공부의 기쁨과 보람을 추구하는 것으로 기원학사의 주인의식을 함양해야 함을 일깨워주던 간곡한 정성을 기억하는 후학들이 많다.

강창순

　학문이나 수행의 길은 아니지만 강창순(60년 졸업) 법우의 조용한 동국사랑의 실천을 말하지 않을 수 없을 것 같다. 선진규 동문법우와 더불어 새불교실천운동을 전개하던 그는 졸업 후 모교에 남아 필동 교사의 전반적인 관리와 행정업무를 용의주도하게 수행한 총무처장으로 여러 지인들의 큰 신뢰와 인정을 받았다. 교내 벤치에 구둣발을 올려놓아도 다가와 '의자 하나라도 동국의 자산이라 내 몸같이 아껴야 한다'고 타이르던 학생 시절의 추억을 회상하는 일화를 전해들은 적이 있다.

　또한 학교 시설이나 행정시스템에 대해 사소한 것도 직접 민원을 전하면 허심탄회하게 해결하기 위해 애썼다. 이런 그의 헌신적 자세도 기원학사 사생으로 닦은 애교심의 소산이라고 여겨진다. 굳이 경전을 거론하고 불교정신을 내세우지 않더라도 몸에 배인 청정한 불심의 여운이 느껴지는 모습이었다.

나동영

재학 시절부터 왕성한 패기와 지극한 불법 수호의 태세가 남달랐던 나동영(63년 졸업) 법우는 1959년 새불교운동의 기치를 높이고 선진규 선배법우를 좇아 농촌봉사활동과 새불교 개척활동으로 '호미 든 관세음보살상'을 조성하는 실무위원 16인 중 한 사람으로 열성적으로 참여하였다.

그는 1960년 4·19혁명 대오에 앞장을 서게 된다. 당일 불교대학 수업시간에 휴강을 교수에게 건의하고 학우들을 이끌고 퇴계로로 나아가 부정선거 규탄과 민주주의를 절규하며 중부경찰서를 돌파하고, 마침내 경무대로 진출하는 선두를 지휘하였다.

그는 졸업 후 모교의 발전에 일익을 담당하고자 학교 행정직에 참여하였고, 기원학사에 관련된 크고 작은 사안에는 각별하게 애정을 보였다 한다. 이후 그는 시야를 교계 발전에 기여하고자 하는 방향으로 돌려, 조계종단 총무원에 종무원으로 일하면서 특히 청년불교의 중흥과 결집에 많이 노력한 것으로 알려져 있다.

현재 '동국대4·19혁명동지회' 회장을 역임하면서 청년적 열정으로 사업을 추진하고 있다. 특히 당시 동국대 재학생 노희두(盧熙斗) 열사가 경찰의 총탄에 희생된 4월 19일의 혁명대오는 오로지 동국대학교의 선도와 희생이 아니었다면 불가능했을 것이라는 신념이 깊다. 그리하여 해마다 광화문에서의 '동국대4·19혁명대행진'을 기획하곤 한

다. 그는 여전히 식지 않은 열정의 눈매로 기회가 있을 때마다 주창한
다. "불교정신의 기본은 자비, 자비는 파사현정의 정신이 바탕이어야
한다"고 설파하면서 "이런 신념은 불교학과 학생(출신)이기에 할 수 있
는 말"이라고 힘주어 말하는 것으로 불교학도로서의 긍지를 놓치지
않고 있다.(2020년 5월 7일, 불교방송 대담 참조)

이규범

한국 불교학의 총본산임을 자부하는 동국대는 한국 불교 근현대사
에서는 물론이거니와 오늘날 종단적 현실면에서 실질적이고 다양한
기능과 역할을 담당해왔다. 불교 각 종단의 지도자 및 주요 인사 대부
분이 동국대에서 수학한 동문들이라는 사실이 그것을 말해준다. 이
가운데 운산(雲山) 대종사 이규범(64년 졸업·2019년 입적) 법우를 적절
한 사례로 들 수 있다.

대전 대승원에서 용봉 스님을 은사로 출가한 운산 스님은 기원학사
사생으로 불교학과를 졸업하고 대학원을 마쳤다. 졸업 후 만해 스님이
창립했던 한국불교청년회 간부를 지내다가 1975년 한국불교태고종 총
무부장을 거쳐 한국불교 태고종 제22~23대 총무원장을 역임하였다.

그는 30여 년간을 한국불교의 한 전통종파인 태고종을 이끌며 그
종지를 크게 선양하고 태고종단의 개혁과 발전에 힘썼다. 종단의 법
인화를 이루었으며, 종립대학 동방불교대학과 동방문화대학원대학교
이사장으로 불교교육의 지평을 넓혔고, 그는 한국종교협의회 회장을
역임하면서 종교 간의 화해와 협력에 많은 활동을 보였다. 특히 태고
종 선암사의 독자적인 운영과 함께 선원·강원·염불원·율원을 갖추

게 하여 총림으로서의 위상을 공고히 하는데 기여를 하였다. 평생 청빈·배려·화합의 정신으로 추진했던 불사를 통해 한국불교 제2의 전통종단을 원만하게 이끈 지도자로서 기억된다.

권기종

한국불교의 포교 활동에서 의의 깊은 사안의 선두를 점해온 특이한 경력의 권기종(64년 졸업) 법우가 있다. 한국불교의 중흥과 대중화를 위한 초대 교법사와 군법사의 길을 앞장서 열어나간 그는 교법사 제1호, 또 군법사 제1호로서의 자긍심이 남다르다. 군법사로서는 주월사령부에서의 복무를 마치고, 귀국 후 육군본부에서 군법사 행정의 체계를 다듬는 일에 매진했다. 퇴역 후 그는 모교에 돌아와 동국역경원의 역경위원으로 활동을 시작하여 불교학과 교수로 취임하고 후배양성 교육에 평생을 헌신하게 된다.

그의 불교와의 연(緣)은 남다르다. 신심 깊은 부친의 영향 아래 중학교 때 부친의 추천으로『초발심자경문』등 불교서적을 탐독하게 되고, 고교 졸업 후 출가를 단행하였는데 통도사·표충사·동화사를 거쳐 해인사 강원에서 운허·관응·월운·지관 스님 등을 은사로 3년 만에 강원을 졸업하였다. 다시 동국대 불교학과로 진학하여 불교학의 체계적인 연찬에 몰두하였다.

그는 재학 중에도 승적을 보유하고 있었는데, 졸업을 하자 다시 산문에 들고자 마음을 다잡고 해인사에 심경을 전했는데 지관 스님은 "여기 일이 많으니 곧 오라"고 당부하였고, 해인사 수행 시절에 한 방에서 기거하던 법정 스님은 "그곳에 할 일이 있으면 더하고 오라"는 조언을 보냈다. 결국 그는 대덕 지향의 길을 접고 교학을 심화하는 학문의 길을 가기로 했던 것이다.

그는 모교에서 총장비서실장·총무처장·불교대학장·불교문화연구소장·불교대학원장·사회교육원장을 역임하여 봉사하고, 한국불교학회장을 지냈으며, 퇴임 후 천태종 원각불교사상연구원장을 역임하는 등 불교 발전에 기여하였다.

박선영

고교시절부터 불심이 남달랐으며, 대전고 학생위원장으로 전교수석이었던 학생이, 교사와 주위의 권유를 마다하고 동국대 불교학과에 전체수석으로 진학한 일화로 잘 알려진 박선영(65년 졸업·2018 별세) 법우를 생각하지 않을 수 없다.

그는 명석한 학문적 재능으로 정통적인 불교학 분야보다는 불교 영역에 있어 새 영역의 확장적 노력에 눈을 돌려 불교교육이라는 분야를 개척해 나간다. 교법사로 중등학교 교육의 현장을 거쳐 모교 사범대 교육학과 교수로 재직하게 된다. 그의 종교교육학의 학문적 위상 정립의 업적은 한국교육학회 학술상 수상(1981년), 한국종교교육학회 초대회장 취임(1995년) 등의 이력에서 잘 입증된다.

또한 그는 사범대학장·교무처장 등을 역임하면서 남다른 종립학교 동국대 특성화의 노력에 집중한 공력이 컸다. 평소 그의 자유분방하고 가없이 활달하던 성품과 거침없는 화법으로 전개하던 불교적 지식과 안목은 많은 주위사람들을 괄목하게 하였던 일화가 아직도 회자되고 있다.

조재호

재학 시 솔선수범으로 지도적 역량이 돋보였다는 조재호(65년 졸업) 법우는 ROTC 3기로 임관하여 복무를 마치고, 모교로 돌아와 혈기 넘치는 교직원의 열정으로 학내 행정에 모범을 보였다. 이후 동국학원 법인사무국에서 사무국장으로 제반 운영을 관장하여 종립학교의 발전에 전념하였다. 대학 내 주요기관인 전자계산원 원장을 역임하고, 동국대의 숙원 사업이었던 동국대 의료원 개원의 전반을 주무하는 기획실장을 거쳐 초대 의료원장에 취임하게 된다.

그는 중국 헤이룽대 명예의학박사를 취득하고, 다시 동국학원의 글로벌캠퍼스의 전초가 되는 미국 LA 로얄한의과대학 초대총장으로 부임하여 대학의 기초를 다졌다. 현재 GMS홀딩스 명예회장으로 학교 발전에 대한 지대한 관심을 다하고 있다.

서윤길

누구보다도 기원학사의 사생으로의 정체성에 대한 자각과 실천에 앞장서 온 서윤길(68년 졸업) 법우를 빼어놓을 수 없다. 그는 일찍이 기원학사 사생장 시절에 기원학사의 정신을 공고히 하고 선후배간의 동문 유대를 다지기 위해 법우회 결성을 처음으로 착안하고 선후배들의 의견을 한데 모아 1967년에 기원학사법우회를 출범시킨 바 있다.

1기 교법사로서 중등학교 교육 현장을 거쳤으며, 한국불교의 교학 및 역사 가운데에서 특히 밀교에 관심을 기울여 국내 1호 밀교학박사가 되었다. 이후 그는 모교에서 후학을 양성하면서 불교대학장·사회

교육원장·불교대학원장·대학원장 등을 역임하면서 교학 행정과, 아울러 중앙도서관장·학생처장·관리처장·교무처장 등을 역임하면서 관리 행정을 두루 지휘하며 모교 발전에 전력투구하였다.

그는 퇴임 후에도 변함없이 '보여주는 교육을 통해 보살행을 실천하겠다'는 다짐으로 소년소녀가장돕기와 걸식아동돕기 등 불우이웃을 돕는 보시행을 펼치고 있다. 또 법우회 각종 활동의 현장에는 빠짐없이 동참하여 동문법우들간의 우애와 결속을 도모해왔다. 크게 앞서거나 주창을 드러내지 않으나 적재적소의 위치와 역할로 밀어주고 당겨주는 그의 지혜로움이 법우회의 운용에 큰 조력이 되고 있다.

권용범

68년 초등 기원학사에서 졸업하고 ROTC 육군 소위로 임관한 권용범 동문은 전방부대 소대장으로 군생활을 시작하였다. 그러나 그 길은 첫출발부터 순탄하지가 못했다. 69년 봄에 소대원 교육을 진행하던 중 그만 산탄지뢰인 크레모아 폭발에 의하여 돌이킬 수 없는 큰 부상을 입고 말았다. 이후 권동문은 한쪽 눈과 귀를 잃은 채 육군병원에 입원하여 팔다리와 안면 손상의 심각한 부상을 1년 넘도록 치료받았고, 마침내 2급 장애인으로 퇴원, 전역하였다.

권동문은 기본적으로 인간에 대한 따뜻한 신뢰와 사심 없는 언행으로 주위 사람들에게 안심과 의지가 되어주던 인품의 소유자였다. 따라서 그의 슬픈 소식을 전해들은 지인들은 모두가 함께 안타까워하며 마음을 졸이고 있었다. 그러던 중 71년 봄, 안암동 새 기숙사에 권동문이 나타났을 때 모든 선후배들이 환호하며 그를 반겼다. 멀리 있던 동문들도 소식을 듣고 찾아와 옛시절의 사생들처럼 기숙사 여기 저기에서 회포를 풀고 위로하니 그런 정경은 반년이 넘도록 지속되었다.

그렇게 기원학사에서 특별한 경우로 졸업사생으로서 한동안 머물던 권동문은 동국대 임시직원으로 취직을 한다. 국가보훈처의 주선으로 이루어진 그나마의 일자리였다. 그러나 업무라해야 교내 학군단의 훈련생들이 사용하는 총기류를 닦는 일이었다. 모교에서, 더구나 전직 장교가 맡기에는 너무나 하찮은 일이었지만 그는 아무런 거리낌이 없었고 오히려 일을 소중하게 여기며 정성을 다하였다. 그리하여 장애와 상관없이 어떤 임무도 완전하게 해낼 수 있다는 소신과 능력을 스스로 확인하였고, 그로부터 1년 후에는 다행히 학교 총무처의 정식직원으로 채용될 수 있었다. 이는 학내 은사들과 선배동문들의 주선과 추천이 크게 작용한 결과였다.

이로부터 권동문에게는 일상의 안정과 함께 감사할 일들이 차례로 이어졌다. 많은 이들의 축복을 받으며 결혼을 했고, 차례로 보배같은 두 딸을 얻었다. 이어 당시 분교이던 경주 동국대학교로 전근하여 총무과장과 동대병원 사무국장을 맡아 수년간 동대 분교의 발전에 힘을 쏟았다. 그리고 다시 서울 본교로 전근해서는 총무처장의 중책을 맡아 대학의 전체살림을 총괄하였다. 그렇게 30여 년의 세월이 흐르고 정년이 가까워진 무렵에는 분당 동국대 병원의 사무장직을 맡아 일했다.

우리는 인생의 길에서 순탄한 길만 있지 않음을 누구나 알고 경험한다. 권동문은 2003년 퇴직 후 미국에 거주하는 누님을 방문하는 등 해외여행의 기회를 갖기도 했지만, 이어 간암 말기라는 또 다른 인생의 시련에 부딪힌다. 당시 상황으로서 그는 회복불능이라는 진단을 받았고, 이후 심각한 병고를 간신히 참아내야 했다. 권오현 동문이 주지법사로 주석하던 충북 고심사에서, 그리고 인연이 있는 곤지암에서도 요양하였다. 그러던 중 2005년 마침내 분당 병원에서 세연을 다하니 향년 62세였다. 유해는 국립 서울 현충원에 안장되었다. 우리 모두에게 자상했고 정의로운 사람이던 권용범 법우는, 많은 선후배 동문들의 기억 속에 여전히 살아있다.

이재형

모교 동국대를 향하는 충정과 자긍심을 새삼 느끼게 해주는 좋은 예로는 이재형(68년 졸업) 법우를 들 수 있겠다. 일백년을 넘는 동국대 전통에 총동창회의 위상은 결코 소홀히 볼 수 없는 부분이다. 때로는 학교를 후원하고 때로는 학교를 독려하는 동문들의 막강한 결집력에 중추적인 역할을 해온 많은 선배들 중에도 실무적인 노력에서부터 지도와 자문을 한시도 놓치지 않고 그 현장을 지켜온 사람이 그이다.

그의 모교사랑은 익히 알려져 있다. 학교가 어려움에 처해 있거나 동문들의 조언 조력이 필요할 때는 앞장서서 활동을 보여주었다. 그때마다 '학교가 변혁해야 한다는 명분은 옳으나 그 과정에 학교가 어려움에 처해서는 안 된다' 또 '동국대의 힘의 원천은 불교정신이다'를 역설하여 여러 사안에 따라 주체들이 화합하도록 조정하는 몫을 다해주었다. 개교113주년(2019년)을 맞이하여 총동창회에서도 동문들의 단합과 모교발전에 기여를 위한 방안을 모색하고자 〈총동창회 새로운 100년 비전 선포식〉을 설악산 백담사에서 불교 혁신을 주창한 만해정신을 되새기면서 열었다.

이 자리에서 '동문들이 동국출신이라는 자긍심을 갖고 각 분야에서 세상을 끌어가는 지도자로 나서길 바란다'는 이재형 법우의 절절한 웅변은 많은 동국인들의 심금을 울렸다. 재학 시 처음으로 학생직접선거를 통해 선출된 총학생회장 때부터 지도자적 역량이 남달랐던 그의 내공이 돋보이는 현장이었다. 그는 역시 기원학사법우회 회장(2016~2019년)을 맡아 법우회의 활성화에 크게 기여하였다.

이철교

자신이 지닌 능력을 다하여 불교와 모교사랑을 묵묵히 실천해 온 이철교(69년 졸업) 법우는 평생을 불교전문사서(司書)라는 외길을 걸어온 모범사서이자 장서가이다. 졸업한 다음 군법사로 복무 후 예편, 민족문화추진위에서 한학과 국립중앙도서관 주관 사서 공부에 몰입하였다. 국립중앙도서관 시행 사서시험을 통해 자격을 취득하고 특채되어 국립중앙도서관에 2년여를 근무하였다. 그러던 중, 모교 발전에 힘을 쏟겠다는 한 생각으로 과감히 국립중앙도서관에서 모교의 도서관으로 자리를 옮겼다.

이렇게 하여 평생을 모교 도서관 사서로서 지식의 보고(寶庫)를 관리하는 문지기 역할을 다해 온 그는 불교 관련 자료가 있다는 소식을 접하면 불원천리 달려가 확인하고 확보하는 노력에 심혈을 기울였다. 특히 불교 관련 잡지 창간호만 250여종 수집할 수 있었던 것도 이 같은 남다른 관심과 열성의 결과였다. 아마 동국대 내외를 막론하고 불교학을 연구한 학자들이라면 대체로 그의 자료 정보의 도움을 입었다

해도 과언이 아닐 것이다.

이 같은 사실을 방증하듯, 그는 불교 관련 저술만 해도 39권에 달한다. 그 가운데 『한국불교관계 논저 종합 목록』(상·하·보유(補遺)편)(고려대장경연구소 출판부) 『한국불교미술논저목록』(동악미술사학회) 『조선불교 각종회록(各種會錄)』(민족사) 등은 어떤 학술논문보다도 소중하고 의미 있는 노력의 소산이다. 이는 불교에 대한 지극한 애정 없이는 가능하지 않은 일이다. 필시 기원학사에서 사생 시절부터 다져온 불심과 학문적 관심의 결과가 아닌가 여겨진다. 앞으로도 불교 자료를 찾는 연구자나 불교인들은 필경 그의 노작에 의지하게 될 것임이 분명하다.

그는 퇴임을 하면서 개인소장본 도서와 자료 1만5천여점을 학교 중앙도서관에 기증하였으며, 현재도 필요도서의 구입과 기증을 계속하고 있다. 이에 불교 관련 자료 중심으로 특화된 '봄산문고'가 도서관에 설치되어 현재 운영 중이다. 봄산 이철교 법우의 이같이 한결같은 실천행은 곧 그 스스로가 불교와 동국의 주인이라는 자각적 발현이라 하겠다.(법보신문, 2004년 8월 10일자 참조)

고순호

재가법사로서 남다른 신념과 열정으로 평생 전법의 한 길만을 오롯이 걸어온 법우가 있다. 우리의 뿌리는 불교학과에 있음을 되새기며, 힘닿는 데까지 부처님의 가르침을 전하는 것으로 스스로 감사와 기쁨을 누리는 고순호(70년 졸업) 법우가 그 주인공이다.

그의 전법 활동은 졸업 후 공군군종법사(제2기)로 임관하여 공군기술교육단에 부임하면서부터 시작한다. 공군불교장교회 창립에 이어

기지 내에 충국성불사를 창건하고 법음을 전하며 장병들의 인성을 돌보아온 것이다. 전역 후, 부산에서 학생불자들을 지도하다가, 이내 서울로 상경하여 대학생불교연합회 동문회의 업무를 보며 중앙대·상명여대 불교학생회를 지도하였다. 이후 그는 가족이 있는 부산지역 불교교화운동에 전념하게 되는데, 그의 헌신적이고 진실된 전법 활동은 마치 숙세(宿世)의 서원을 이어가는 교화행자와도 같았다.

그의 활동을 낱낱이 예거하기란 거의 불가능하며, 그 중 대강을 간추려 보면 다음과 같다. 부산불교학생연합회를 창립하고 상임지도법사를 맡았고 대불연부산지구회·부산불교신도회·부산의료원불자회·부산국군통합병원불자회 등 여러 단체의 창립과 지도법사로 활동하였다. 부단히 부산지역 불교교양대학 운영하는 한편, 교도소 재소자 교화 운동(정기법회 및 불교참회반 운영)에도 진력하였다.

그는 강의와 설법에 필요한 교재로『불교학 개관』『주해강의 유마힐소설경』 등을 발간하였으며, 대한불교조계종 국제포교사 및 세계불교도우의회(WFB) 한국본부 이사를 역임하면서 제3회 조계종 포교대상을 수상하였다. 그의 열렬한 호법 활동에 감화받은 불자들이 나서서 부산불교연구원을 설립하고 그를 상주법사와 더불어 원장으로 추대하였다(1984년). 나아가서 2006년 부산불교연구원 회원들이 주도하고 부산 지역 스님들도 동참하는 '고순호와 함께 하는 불교모임'이 결성되어 현재도 변함없이 많은 불자회원들의 신뢰와 후원으로 운영되고 있다.

이 같은 그의 교화 활동은 참으로 각별한 원력이 아니면 이루어질 수 없는 것이 아닐까. 명실공히 '부산불교의 호법신장'이라는 주위의 신망을 받고 있는 고순호 법우의 청정하고 가없는 신념과 그 실천의 힘은 분명히 동국대 불교학과에 뿌리를 두고 있을 터이다.

김용표

어느 조직에서든 주어진 소임을 묵묵히 성심으로 이행하는 참된 인물이 있는 법이다. 그 조직이 원만하게 제 목표를 향해 나아가는데는 맡겨진 일에 열정을 쏟고 또 일을 찾아내고 거두는 사람을 법우회에서 찾으라면 단연 김용표(78년 졸업) 법우이다.

일찍이 국제적인 불교 연구의 지평을 확장하고자 발심하여 미국 템플대학에서 종교학 박사학위를 취득하고, 이후 모교에 교수로 봉직하면서 한국종교교육학회장·한국불교학회장·한국교수불자연합회장·불교교육연합회부회장 등을 역임하였다. 또 BK21세계화시대불교학교육연구단장 및 국제불교문화사상학회 창립에 기여하며 영문국제학술지 IJBTC 책임편집자로 활약하는 등 명실공히 수처작주(隨處作主)의 표상으로 불교학의 학문적 성과나 교수·연구 활동은 물론, 세계적 학회를 관리하는 일이나 국제학술회의를 주도해나가는 과정에서 보이는 그의 생각과 행동에는 모자람과 어긋남이 없다. 그런 남다른 역량과 헌신적 성품으로 불교학과 동문회장(2014~2018년)을 역임하면서 모교와 동문들간의 가교역할도 훌륭히 수행하고 있다. 한편, 현재 기원학사 법우회의 사무국장의 소임도 훌륭히 수행하고 있다.

백경선

역시 모교 총무처장과 전산원장을 역임했고, 현재 보성에서 대농장을 경영하고 있는 백경선(84년 졸업) 법우의 행정 능력과 처신도 학내외 애교심의 본보기로 일컬어지기도 한다. 특히 그가 동국대직원노

조위원장을 지낼 때 당시 사회 전반적으로 격렬하게 팽배했던 노조 활동의 경직성을 개선하면서 직원의 복지와 학교의 발전을 위한 상생 동반의 지혜를 발휘하여 구성원 전반의 지지를 얻었다. 그의 명쾌하고 단호한 어법과 행동은 그야말로 기원학사 사생으로 생활하면서 체득한 지혜였음이 분명하다. 학교에서의 행정 소임이나, 현재 농장에서 자연생명과 그 결실의 보람을 경영하는 일이나 두루 수행(遂行)하는 그 모습이 수행(修行) 바로 그 자체임이 분명하다.

이상과 같이 살펴보았을 때, 기원학사 동문법우들의 자기정체성은 어디서나 확연하고 주인의식 또한 뚜렷하다. 법우들 가운데는 불교와 함께 가치 있는 성공의 삶을 이룬 이들이 적지 않다. 또한 많은 사람들의 관심 속에서 활동하거나 명망 있는 사업체나 공공직 또는 모교에서의 봉직이 아니더라도, 일생을 통해 동국대학교 불교학과 기원학사의 정신을 올올한 자세의 삶으로 살아내는 법우들이 많다. 이들은 자신을 나타내고자 하는 의욕도 내심으로 다스리며, 일찍이 자신의 본향인 기원학사에서 배우고 수행한 바대로 자기 삶의 주인됨을 누리는 법우들이다. 새삼스러운 감회이지만, 기원학사야말로 이곳을 거쳐간 법우 동문들 모두에게는 '우리 기쁜 젊음의 도량'이었다. 이런 기원학사 법우들의 구도정진과 진솔한 삶이 이상과 같았음에, 어찌 우리들 모두가 이미 저마다 동국의 주인이 아니랴.

끝없이 이어지는
보살의 원행

1. 대중불교 실천운동의 선봉 ─ 선진규

재학 시절부터 활동의 폭이 넓었던 봉산(烽山) 선진규(59년 졸업·
1934~2020) 법우는 졸업 후 더욱 적극적인 삶을 살았다. 그만큼 활동
의 시기와 장소에 따라 불리는 직함 또한 각각 달랐다. 가장 가깝게는
'법사'를 비롯하여 조계종중앙상임포교사·대한불교청년회장·봉화산
정토원장·조계종전국신도회장·만해사상실천연합회 대표·한국불교
문인협회 고문 등 숱한 직함에서 드러나듯이 혼신의 활동으로 대중불
교의 실천활동에 전력투구하는 삶을 살았다. 실로 그의 삶은 불교계
주변에만 한정되어 있지 않았음을 보여준다. 좀 더 적극적으로 말하
면, 이는 선진규의 불교적 신념과 활동의 정치사회적 확장성으로 이해
할 수 있다.

경남 김해 출신으로 1956년에 동국대 불교학과에 입학한 그는 학
창 시절부터 불교운동가로서의 의지와 역량을 유감없이 보여주고 있
다. 총학생회장을 맡고 있던 1959년, 그는 당시 백성욱 총장의 관심과
지원 아래 가난하고 피폐한 농촌지역 개발을 목표로 하는 새로운 불
교운동을 주도하였다. 기원학사 사생 31명을 공동추진위원으로하여,

선진규 동문

경남 김해 봉화산 산정에 운동의 이념적 상징으로 '호미 든 관세음보
살상'을 조성해 봉안하고, 새불교실천운동에 나선 것이다.

농촌불교운동으로부터 출발한 그의 활동은 1972년 조계종 초대
상임포교사로 발탁되면서는 홍법 포교에 좀 더 비중을 두고 활동을
전개하였다. 이처럼 명실공히 중앙상임포교사로서 전국적으로 활동하
는 가운데, 그는 다시 대한불교청년회장까지 맡게 된다. 이에 불교청
년회 활동으로서는 우선 만해사상 강연회 및 세미나 등을 통해, 청년
만해(萬海)의 적극적이고 현실적인 불교사상과 정신의 함양에 정성을
다하였다.

이와 함께 그가 전국 각 지방을 순회하여 개최한 설법회가 200회
를 훨씬 상회 하였다. 이는 그동안 잠잠하던 지방의 청년들에게는 새
로운 각성과 큰 발심의 계기가 되었다. 그의 이 같은 불굴의 노력은,
전국의 16개 지회에 불과하던 조직을 3년 만에 무려 240개 지회를 거
느린 불교청년회로 재탄생시켰다. 그러나 이에서 그치지 않고 그는
시야를 넓혀, 한·일간의 불교청년교류협정을 체결하는 등 한국불교의
국제화에도 관심을 기울였다.

그의 불교운동은 여러가지 형태로 나타나지만, 그것은 '포교 홍법
과 대중불교의 완성'으로 요약해 말할 수 있을 것 같다. 그는 이 같은
불교의 확장을 위해 포교사 조직을 만들 것을 결심하고, 1982년 240
여 재가불자를 모아 서울 도선사에서 처음 포교사 교육을 실시하였다.
이로부터 포교사의 정신과 임무는 물론, 옅은 밤색 가운 형식의 통일
적인 법사복을 제정하는 등 모든 노력을 지속하였고, 각 지역에서 실
제로 포교 활동에도 나섰다. 이같은 열성과 노력으로 포교사의 숫자
도 점점 증가해 갔다.

그가 주도한 이 포교사 조직은 현재 조계종의 포교사단과는 구분되지만, 그 출발 지점은 일부 겹치는 부분도 없지 않다. 조계종의 포교단은 1994년 종단개혁 이후 제1회 포교사 고시가 실시되어 302명의 포교사를 배출하면서 공식 출발한 단체이다. 이는 다시 말하면 종단적인 제도 실시 이전에, 중앙상임 포교사이던 그가 포교사조직을 구상하고 실천에 나선 것이다. 그런 점에서 비공식적인 역사의 출발점은 양자가 동일한 것이라고 말 할 수도 있다.

　그러나 그가 주도한 포교사조직은 조계종의 포교사단과는 그 이념과 형식면에서 중요한 차이를 갖는다. 포교사조직이 현재는 구체적인 집단체로서 실재하지는 않지만, 다만 그의 불교운동의 방향이며 신념이기도 한 '스님과 신도를 구분하는 시대는 지났다' '재가불자들이 결집하여 새로운 불교운동을 일으킬 수 있어야 한다'는 등의 불교사상적 이념은 분명히 살아있다고 말할 수 있다.

　그리하여 이런 이념적 차이에도 불구하고 '포교 홍법과 대중불교의 완성'은 그 자체로서 긍정적인 호응과 지지가 오늘날에도 계속되고 있는 것도 사실이다. 평생을 포교 홍법에 앞장서서 대중불교운동에 큰 자취를 남긴 선진규 법우는 2020년 6월11일 87세를 일기로 세연(世緣)을 마감하였다.

　　어두운 세상에 법등을 들고
　　한 없이 가야하는 포교의 길
　　발길 닿는 구석마다 불법을 펴고
　　중생 위한 발원에 밤을 지샌다.
　　아아 그는 외로운 구도자 사명의 역군

진리를 전하는 포교사여라.

그가 작사한 이 〈포교사의 노래〉(김용호 작곡)는 조계종 포교사단
의 단가로 오늘도 가슴 뜨겁게 불리고 있다.

2. 대중포교를 위한 명설법과 강연 — 박완일

전남 광주 출생인 일관(一觀) 박완일(60년 졸업 · 1935~2018) 법우는
정광고등학교를 졸업하고 근대의 고승인 효봉 스님 문하로 출가, 오랫
동안 스님을 모시며 참선 수행하였다. 1957년에 동국대에 입학하여
불교학과를 졸업하고, 다시 대학원 정치외교학과를 졸업했다. 동국대
입학은 사실상 그의 환속으로서, 대학원 정치외교학과 진학은 장차 그
가 펼칠 재가불교활동의 방향성을 어느 정도 짐작해 볼 수 있게 한다.

1960년 4·19혁명 때 그는 동국대 불교대학 학생회장으로서 그 선
봉에서 활동하였다. 이를 계기로 이후 민주학생의장과 전국학생위원
장 연석회의의장을 맡아 4·19혁명정신의 구체적인 실천에도 앞장섰
다. 이에 1961년 5·16군사쿠데타가 일어나자 그는 다시 삭발하고 승
복을 입은 뒤 산사로 숨어야 했다. 이때 그의 도피 생활을 도와준 것
은 스님들이었다.

4·19혁명과 5·16군사쿠데타라는 질곡의 역사를 가로지르는 과정
에서 그는 반승반속(半僧半俗)의 삶을 살아야 했고, 이후 그가 평생 과
업으로 삼은 것은 불법 홍포와 사회 변혁이었다. 그는 이 두 가지 과
업을 각각 별개의 일로 생각하지 않았다. 그는 불법의 홍포를 통한 사
회의 변혁을 꿈꾸었고, 불교의 온전한 실천이 그대로 사회의 변혁임을

박완일 동문

확신했던 것 같다. 그가 펼쳐나간 불법 홍포 또는 사회 변혁 노력은 ① 평생 동안의 강연·설법 활동 ② 재가불교운동의 구심점으로서의 조계종 전국신도회 사무총장 및 회장 소임 ③ 불교종합지『월간 법륜』 발행을 통한 불교 개혁 추구, 이 세 가지 방향으로 요약할 수 있다. 이들 각 방향을 간단하게 살피면서 그가 추구해 온 가치와 의미의 삶을 알아본다.

첫째, 평생의 강연과 설법 화두이다.

재가자 중 최고의 설법자로, 명강사로 불리게 된 그가 대중강연을 시작한 것은 불교학과 1학년 때부터였다. 여름 방학을 앞두고 사람들에게 부처님 얘기를 들려주어야겠다는 생각에 불교대학장을 찾아가 대중강연을 할 수 있도록 추천서를 써 달라고 부탁하였다. 불교대학장이 써준 추천서 한 장을 들고, 그는 전국 사찰과 중·고등학교를 찾아다니며 강연하였다. 당시 고등학생이던 윤청광(동국출판사 대표·『고승열전』 작가)이 그의 강연을 듣고 동국대 진학을 결심했다니, 그의 강연이 얼마나 호소력이 짙었는지 알 수 있다.

전국불교신도회 사무총장 시절에는 당시 김제원 신도회장이 마련해 준 8톤 트럭을 아예 무대 겸 법당으로 개조하여 운영하되 전국 순회법회를 열었다. 언제든지 설법단이 될 수 있는 트럭을 몰고 그는 전국 31개 시군을 돌아다니며 사람이 모일 수 있는 곳이면 어디든 달려가 설법 강연을 했다. 이 순회법회는 날이 갈수록 널리 알려져 가는 곳마다 평균 1만 명 이상이 몰려들어 대성황을 이루었고, 설법을 듣고 감화를 받은 사람이 많았다.

그는 또 일반인 대상의 강연회도 많이 다녔다. 전국 국공립대학과 사립대학은 물론, 삼성·현대·금호·LG등 대기업을 비롯하여 전국 시군 행정부처에서도 강의 요청이 쇄도하였다. 그의 설법을 듣고서 불교와 인연을 맺은 사람도 적지 않았는데, 그 중에 한 사람이 엄상호 전 건영그룹 회장이다. 이런 인연으로 뒷날 그가 전국불교신도회 회장이 되었을 때 엄상호 회장이 부회장을 맡았고, 불교계의 인재를 발굴하는 불교인재원의 이사장을 맡기도 하였다.

둘째. 조계종 전국신도회 사무총장과 회장 소임의 봉사이다.

그가 평생을 바친 것은 재가신도운동이었고, 그 정신이 발현된 조직이 전국신도회였다. 그는 1967년 상반기에 사무총장을 맡았다. 사무총장이 되자마자 전국 24개 교구본사 단위의 신도회 조직에 착수했다. 그 결과 불과 3개월 만에 전국 1천2백개 사암 단위 지부까지 조직할 수 있었다.

신도조직이 완료되자 그는 1967년 5월 당시 시민회관(현 세종문화회관)에서 전국불교도 대표자 회의를 개최하고 한국불교의 현대화와 대중화를 역설하였다. 그가 사무총장을 맡은 뒤 전국신도회는 1년도 되지 않아서 중앙신도회·4개 지역신도회·시군지부신도회·사암단위신도회라는 전국적인 행정조직 체계를 갖추었다. 이처럼 행정조직이 정비되면서 재가불교의 위상은 그만큼 높아졌다.

이후 그는 불교현대화와 불교계 정화 전국순회 불교법회단 운영 등 수많은 활동을 더욱 왕성하게 전개해 나갔다. 또 이후락·김제원 회장에 이어 다시 제14~16대 그리고 18대 전국신도회 회장을 오랫동안 역임하면서 재가불교계의 구심점이 되어 활동하였다.

셋째는 「월간 법륜」 발행을 통한 불교 개혁의 노력이다.

그는 전국불교신도회에 몸담으면서부터, 신도회 회지 「월간 법륜」을 통해 문서 포교 활동과 불교 개혁의 노력을 경주하였다. 이 잡지를 통해 제시하는 '산중불교에서 시민불교로, 사찰불교에서 가정불교로, 의식불교에서 생활불교로'의 모토가 말해 주듯이, 시대와 새 문명을 열어 갈 불교의 새로운 변화를 지향하였다.

그는 이 잡지를 20년 동안 발행해왔다. 이런 과정에서 잡지를 당국에 몰수당하기도 했고, 시대에 앞서는 개혁을 주장하다가 외면 당하는 일도 있었다. 또한, 제작비와 원고료의 압박도 컸다. 이처럼 어려운 상황 속에서도 쉼없이 이 잡지를 발행했다. 이는 홍법 포교의 신념은 물론 그가 오랫동안 쌓아 온 넓고 큰 인간관계의 덕택이기도 하였다.

그는 평생을 불교 포교의 화신으로 살다가 2018년 세상을 떠났다. 그가 평소 주장하던 조계종단의 4부대중제도 정착 등 많은 과제들은 계속 미완으로 남아있다. 그러나 대중불교의 완성을 염원하던 그의 꿈은 여전히 많은 사람들의 기억 속에 진행되고 있다. (유응오, 「박완일 — 대중포교에 평생을 바친 명설법가」, 『불교평론』, 78집, 2013. 여름호 참조)

3. 세제(世諦)불교의 주창과 실천 — 목정배

경남 밀양 출신인 미천(彌天) 목정배(62년 졸업 · 1937~2014) 법우는 부산 해동고등학교에 입학하면서부터 대각사 부산불교학생회에서 활동하였다. 50~60년대 무렵 대각사에는 불교계 정화운동과 관련하여 대중강연회와 신도집회 등이 많았고, 여러 큰스님들의 왕래도 빈번하였다. 불교학생회 열성 멤버이던 그가 청담 스님을 뵙고 감화를 받는 등의 인연도 이곳에서 부터였다.

그는 고2 때, 친구 2명과 함께 셋이서 출가를 결심하고 통도사 극

목정배

붓 끝 가 잠 자 리 에 마 를 늘

법수례

목정배 교수

락암으로 경봉 큰스님을 찾아뵈었다. '마음을 깨우쳐야 한다' '마음을 깨우치려면 도인을 만나 배워야 한다'는 청담 스님의 가르침을 듣고서 느낀 바가 컸던 것이다. 그들은 이렇게 해서 그 자리에서 배움을 청하고 큰스님의 허락으로 극락암에서 행자 생활을 시작했다.

그러나 풋풋한 친구들의 이 야무진 발심은, 부산의 한 시장통에 함께 심부름을 나갔다가 가오리회와 함께 마신 막걸리 몇 잔에 발목이 잡히고 말았다. 셋이서 논란 끝에 자신들의 불음주 범계(犯戒)를 자각하고, 수계식 하루 전날 극락암에서 빠져나와 학교로 줄행랑을 친 것이다. 그를 포함하여 순수한 학생들의 출가 의욕은 결국 어설픈 단기 출가에 그치고 말았다.

1958년 동국대 불교학과에 입학한 그는 처음부터 기원학사에는 입사하지 못하였다. '공부 잘하는 학생들의 입학 후 전과(轉科) 사례를 우려하는' 기원학사 한 선배로부터 입사가 거절되었다 한다. 따라서 그는 조계사와 하숙집에서 기거하며 학교에 다녔다. 이 시절에 큰스님들을 많이 뵙고 감동받거나 가까운 선학원에도 자주 출입할 수 있었다. 그는 4학년 졸업고사를 앞두고 기원학사에 입사하였고, 대학원 진학 후 계속 기숙사에서 생활하였다.

대학원 시절인 1963년, 그는 불교단체 'UBC(unified Budhist Club, 遊飛詩)'를 조직하고 스스로 그 총섭(總攝)이 되어 열성적으로 활동하였다. 이 영문 이니셜은 단순히 불교인 통합의 뜻에만 한정된 것이 아니었다. 이 시대의 불교청년들이, 신라의 화랑들이 그러했듯이 '산하를 순유(巡遊)하면서 비상(飛翔)하는 한 사상〔詩〕을 기르자'는 뜻이 함께 담긴 말이었다. 이에 기원학사 후배들을 포함하여 학내외에서 많은 청소년과 대학생 불자들이 호응하였다. 그는 그들을 인솔하고 학기 중에는 근교의 산을, 방학 때에는 설악산·속리산·지리산·한라산까지 등반하였다. 또 그 시절에 단군신앙을 근본으로 삼는 안효상 박사를 존경하며 강의를 듣고 홍익인간 이념과 불교의 정신을 함께 다지기도 하였다.

한편, 이 무렵 그의 기원학사 생활과 관련하여 한 가지 밝혀둘 사실이 있다. 불탄일인 4월초파일의 명칭에 관해서이다. 우리는 아주 오래 전부터 부처님 탄생일을 4월초파일을 비롯하여 불탄일·석탄일·욕불일(浴佛日) 등 여러 가지를 혼용해 왔다. 그러다가 1968년 음력 4월 8일에 당시 통합종단이던 조계종 봉축위원회에서 처음으로 '부처님오신날'이 공식 등장하였다. 그 뒤 1973년 불교신자인 용태영 변호사가 정부를 상대로 4월초파일 공휴일 제정 소송을 시작했고 1975년 1월 14일 드디어 공휴일 제정의 판결이 나왔다. 그러나 이때도 명칭은 오늘날의 '부처님오신날'이 아닌 '석가탄신일'이었다.

'부처님오신날' 명칭 문제는 그 뒤로도 우여곡절을 겪으면서 그것이 오랜 관습을 거쳐 법적으로 공식화하기까지는 무려 50여 년의 세월이 소요되었다. 그런데 불교신자는 물론 모든 사람들에게 쉽고 친근한 이 명칭을 법제화 이전에 가장 먼저 사용한 곳은 바로 기원학사였다는 사실이다. 4월초파일 또는 불탄일을 '부처님오신날'로 고쳐쓰기를 제안한 주인공은 당시 대학원생이던 목정배법우였다. 그리하여 1963년 처음으로 '부처님오신날'이라고 표기한 경축 현수막이 기원학사 건물 현관에 걸리고, 그것은 역사적인 사진으로 남아 전해진다.(김광식 편, 『한국불교 100년』, 민족사, 2000. P.287)

이야기가 좀 돌아왔지만, 이런 그를 항상 아껴준 분들이 특히 청담과 성철 두 스님이었다. 두 분 스님은 그의 출가를 내심 기대하면서도 그렇지 못한 현실을 인정하여 "출가한 마음으로 살아야 한다"고 간곡하게 격려하였다. 일찍이 "너는 머리 깎은 중이 아니라 학자가 될 것이다"라고 그의 앞날을 예견했던 경봉 스님의 말씀과도 뜻이 겹쳐지는 부분이다.

1967년 동국대 불교문화연구소 조교에서 1975년 전임강사가 될 때까지 그는 학교 안팎으로 실로 많은 일들을 했고 경험을 넓혔다. 역경원·교사편찬위원회·법당건립위원회·전국신도회·대한불교청년회·불교학동인회·한국불교연구원·대원회 등의 활동이 그것이다. 이같은 활동능력으로 인해 어느 때부터인가 그는 '목박사'라는 애칭으로 불렸다. 물론 전임강사가 된 이후에도 그는 불전의 간행 기획, 한국불교전서 편찬을 비롯한 각종 위원회에 참여하였다.

학교 밖으로는 민족문화백과사전 편찬위원회, 대한불교진흥원, 한국불교대원회에 관여하고 성철사상연구원장을 맡아 수행하는 등 이름을 떨쳤다. 이런 가운데서도 그가 교수로서 학문을 등한시 한 적은 없었다.

연구 업적 또한 뛰어나 저서, 역서와 논문, 논설 등이 족히 100편을 헤아릴 정도이다. 동국대에서 정년퇴임한 후에는 서울불교대학원대학교 초대 총장으로 초빙되어 초창기 대학의 기틀을 다지는데도 크게 기여하였다.

이에 앞서 1988년 2월 대원정사에서는 현대한국불교에 있어서 크게 주목할 만한 모임이 있었다. 교법사·군법사·일반법사 등 각 분야 법사들이 한자리에 모여 대중불교 활성화를 위해 '대한불교법사회'를 창립한 것이다. 이 창립 총회에서는 초대 회장에 목정배가 선출되었다. 이때 그는 대원불교교양대학의 학장이었고, 또 기관지 「대중불교」

의 편집을 맡고 있었다. 그가 불교계에 발을 들여 놓은 지 20년, 불교신문 기자와 강사 등을 거쳐 교수가 된지도 10년이 훨씬 넘은 때였다.

이렇게 대원행의 보살도를 펼치던 그를 중심으로 한 대한불교법사회의 출범은 곧 세제(世諦)불교 운동의 선언이었다. 이에 모임에서는 구법·수행·교화, 곧 대승·보살·법사라는 법사회의 강령을 만들고 계획을 수립하는 등 활동을 개시하였다. 이 같은 세제불교 운동이란 '사바세계에서 바르게 사는 법'을 말함이다. 그 내용을 그는 '오롯하게, 반듯하게, 말끔하게'로 표현하고 있다. 사바를 벗어날 수 없는 것이 인간이지만, 그 안에서라도 오롯하게 반듯하게 말끔하게 하는 것이 곧 진제(眞諦)와 쌍을 이루는 세제의 길이라는 주장이다.

물론 이 같은 신념과 주장에는 그것을 내적으로 확충시키고 외적으로 발현해간 이론과 실천 체계가 명확하게 제시되고 있다. 번거로움을 피해 그 명목만을 들자면 ① 불교교리의 현대화 ② 참다운 불교의식 ③ 세제불교의 길, 이렇게 세 부분으로 구성되어 있다.

그가 2014년 타계하기 전까지 추구해 온 대중불교 구현과 그 확대를 위한 세제불교운동은 대한불교법사회를 통해 그의 사후에도 정진을 계속해 가고 있다. (최성렬, '목정배 — 세제불교로 미래불교를 설계하다', 「불교평론」, 78호 참조)

4. 불교학 연구와 생활불교 구현 — 고익진

한국불교학회는 창립 40주년을 맞아, 2013년 12월 6일 '현대한국 불교학자의 삶과 학문 재조명'을 주제로 제1차 세미나를 개최하였다. 동국대에서 열린 이 세미나에서 조명하려는 학자는 병고(丙古) 고익진

고익진 동문이 이끌던 '일승보살회' 연찬회 모습

(69년 졸업·1934~1988) 법우였다. 많은 한국불교학자 가운데 가장 먼저 고익진을 선정한 데는 그만한 이유가 있었다.

이미 2005년 1월 교계의 한 신문이 박사급이상 국내 불교학자 102명을 대상으로 '한국불교학의 현주소'라는 주제로 조사한 설문의 결과가 그 근거였다. 그 조사는 당연히 한국불교 불교학 현황 전반에 관한 내용이었고, 그 가운데 한국불교 학자들에 관해 묻는 항목도 포함되어 있었다. 참고로 당시 이 설문조사의 결과에 따른 해설기사에서 고익진에 관련된 내용을 정리해 옮겨본다.

불교학자들은, 근현대 한국불교학을 대표하는 학자를 복수 응답하라는 설문에 고익진(36%)을 가장 많이 꼽았으며, 다음으로는 김동화(27%), 이기영(24%), 이능화(10%) 순으로 답했다. 특히 1명을 선택하라는 물음에서도 고익진은 김동화와 함께 각각 20명의 불교학자들이 응답한 결과에 의해 근현대를 대표하는 한국불교학자로 단연 부동의 위상을 차지했다.

불교학자들은 그를 근현대 한국불교학 대표학자로 뽑은 이유에 대해 이렇게 답했다. 즉, 초기불교에 대한 연구가 거의 없던 70년대 한국불교학계에 초기불교 연구에 대한 붐을 일게 했으며, 동국대 교수로 재직하던 80년대에 한국불교학의 연구 성과물을 총 결집한 『한국불교전서』의 편찬 작업을 주도하는 등 한국불교학 연구의 초석을 다진 인물(38%)이라는 점을 들었다. 또 그는 학자, 일반 재가신도 등과 함께 일승보살회(一乘菩薩會)를 조직해 이론과 실천을 병행(22%)했다는 점도 높은 평가를 뒷받침했다.(권오영, '한국불교학의 현주소 설문조사', 「법보신문」, 2005.1.5 참조)

한국불교학계 내외에서 그의 이름은 이미 하나의 전설이 되었다. 거의 평생을 병마와 싸우는 가운데서도 항상 의연한 진리 탐구의 구도자였고, 미답의 학문을 개척해 온 불교학계의 거장으로 우뚝 서있기 때문이다.

이런 고익진은 전남 광주에서 태어났다. 광주고등학교를 졸업하고 전남대 의대에 진학할 때까지만 해도 그는 푸른 꿈에 부푼 세상의 여느 청년들과 다름이 없었다. 그러나 대학에 입학한 바로 그 해 가을, 뜻하지 않게 불치에 가까운 심장계통의 병을 얻게 된다. 의학수업을 중단하고 병원에 입원해 있다가 어느 정도 병세가 호전되자 1957년 가을 그는 무등산 기슭에 있는 한 작은 절로 일단 퇴원한다. 모친 김여화 보살이 2년 전에 막 창건한 광륵사였다. 이곳에서 시작한 요양생활은 다시 6년 동안이나 지루하게 이어졌다. 그러나 이 기간은 그가 불교와 정식 대면하고 탐색하면서 불교학에의 입지(入志)를 굳혀간 실로 중요한 인연의 시기이기도 했다.

오랫동안 병상에서 인생을 수업하고 불교와 만나면서부터 그는 때때로 출가를 꿈꾸었다. 유한한 인간존재가 지닌 병고와 죽음을 그 근본적인 문제로 해결하고자 하는 희원(希願)에서였다. 그러나 그는 또 다른 한편에서 불교의 깊은 진리와 석가모니불의 진정한 응화(應化) 정신 등 불교의 모든 것을 제대로 알고자 하였다. 이처럼 여러 가지 문제들로 고심하던 그는 마침내 하나의 결론에 이른다. 이 같은 목적을 이루는데 가장 적합한 도량은 동국대학교 불교학과뿐이라는 생각이었다.

이렇게 해서 1965년 31세의 만학으로 동국대 불교학과에 입학했고 처음부터 기원학사에 입사하였다. 이후 그의 학문 온축(蘊蓄)의 과정과 연구 활동 등은, 앞서 인용한 설문조사 관련 기사 내용으로 대신하고자 한다.

여기에서는 학문 활동보다 그가 실현하고자 했던 생활불교 활동으로서 일승보살회(一乘菩薩會)를 조명해 보기로 한다. 1980년 불교학과 교수로 임용된 이후 그는 중구 필동 학교 바로 아래 작은 집 한 채를 마련하여 정착하였다. 쇠약한 몸으로 항상 힘겹게 오가던 학교길의 어려움을 줄이고 모든 시간과 노력을 학문 연구에만 쏟기 위해서였다. 학자로서 구도전법자로서 그의 이미지는 거의 모든 사람들에게 이 집과 함께 떠올려진다. 봄이면 하얗게 꽃피우는 목련 한 그루가 정답던 이 작고 나즈막한 집은 그에게도, 그를 따르던 사람들에게도 언제나 법향 가득한 마음의 도량이었다.

불교대학의 많은 학생들이 그의 강의를 들으며 존경하고 따랐다. 제자들은 정규강의 외에도 교수연구실을 찾아가 묻고 배웠으며 아예 그 필동 자택에 모여 학습 탐구의 자리를 이어 가기도 했다. 이 무렵 그는 단순히 불교학을 강의하고 학습하는 것에서 그치지 않는, 새로운 형태의 불교 운동을 모색하고 있었다.

평소 그는 '불교학에 생명을 불어 넣어야 한다' '그러기 위해서는 부처님의 가르침을 일상생활 속에서 구현하는 보다 구체적인 실천이 필요하다'는 신념을 굳게 다지고 있었다. 이런 그의 생각은 '생활인의 불교 도량'이라는 착상에 이르고, 그것은 마침내 1981년 봄 일승보살회의 창립으로 나타난다. 일승보살회는 곧 '한줄기 깨달음의 길을 걸어가는 보살들의 모임'이다. 그는 필동 자택 서재에 간소한 법당을 마련하고 제자들과 함께 경전을 읽고 좌선하는 등 신행 활동을 펴면서 모임을 지도해 나갔다.

이런 소식은 연꽃향기처럼 금방 퍼져나가면서 뜻을 함께하려는 사람들이 필동 도량에 모여 들었다. 이들 가운데는 학교의 제자들 외에도 그의 명성을 듣고 찾아오는 젊은 직장인과 일반 재가불자들도 있었다. 이렇게 해서 우선 30명 정도의 1반(제1기)을 구성하면서 일승보살회는 의미 있는 첫 걸음을 내딛는다. 이로부터 일승보살회는 그의 지도 아래 5반까지 늘어났고, 전체 회원수가 150여명에 이르면서 더욱 조직적이고 체계적인 활동을 전개해 갔다.

법회 때마다 그는 강의와 설법으로 진리의 미묘함을 전해주었다. 그러나 항상 논의적이었으며 무조건적인 믿음을 강조하지 않았다. 불교의 개념 정리에서부터 차근차근 깊이를 더해 가는 방식으로 가르쳤으며, 질문과 대답을 통해 스스로 명료한 안목을 지니도록 인도해갔다. 이런 스승에 대한 큰 존경과 귀의하는 마음 때문이었을까. 그 무렵 제자들 사이에선 '선생님은 깨달았다'는 소문이 돌기도 했다.(어현경, 「재가열전·47 : 고익진」, 『불교신문』, 2005.12.21 참조)

그러나 그의 지극한 불학 연구와 수행과 홍법 활동으로 건강을 많이 놓친 때문인지, 아쉽게도 1988년 이 세상에서의 활동을 멈추고 만다. 불과 54세의 젊은 나이에 세연(世緣)이 다한 것이다. 고익진이 떠난 지금은 그가 생전에 정기적으로 내려가 설법하던 생활인의 불교도량 광륵사(광주)를 비롯하여, 정릉법당(서울)·한길법당(퇴계원)·이천법당(이천)·구차제정실수도량(서울)에서 주로 젊은 직장인들이 중심이 되어 그의 정신을 계승해 가고 있다. 이들 각 법당에서는 옛 필동 법당의 방식대로 법회를 열고 선배법사의 지도 아래 각 기수별로 스승이 편집한 근본삼부경(아함·반야·법화)을 중심으로 공부한다. 좌선실수와 참회 정진을 병행하는 것도 여전하다.

생활인의 불교를 표방하는 일승보살회는 그 출발처럼 현재에도 특별하게 눈에 띄지는 않는다. 저마다 깨달음을 구하고 생활 속에서 삶의 불교를 실천해 가는 소박한 모습의 전통 그대로이다. 이는 집단체의 조직 운영이나 활동여건 등의 확장과는 별개의 문제로서, 일승보살회의 이념적 지향을 반증함일 수 있다. 곧 고익진의 사상적 결론으로서 '경전에 입각한 한줄기 보살의 길'을 걸어가는, 조용하지만 줄기찬 발걸음이다.(이봉춘, 「병고(丙古) 고익진의 삶과 학문세계」, 한국불교학회 2013년도 제1차 세미나 자료집 참조)

5. 세계최초 금속활자본의 발견 ― 박상국

한국의 고인쇄문화는 온전히 불교신앙과 더불어 시작하고 발전해 왔다 해도 과언이 아니다. 불교 전래와 그 가르침의 전개 과정에서 반드시 필요한 경전 또는 불서의 보급 문제를 감안할 때 더욱 그렇게 말할 수 있다. 고대의 인쇄는 처음 필사(筆寫)의 방식으로부터 시작하여 목판인쇄의 단계에 이르고, 그것의 오랜 경험과 기술 축적 위에서 다시 금속활자가 탄생하게 된다.

이런 사실은 한국불교의 경전 및 불서의 유통사를 통해 확인할 수 있다. 편의상 필사－목판－금속활자 순서로 발전해 온 한국불교 고대인쇄사의 대강을 짧게 요약하면 다음과 같다.

① 삼국시대 신라와 백제에서의 경전 필사 ② 통일 신라 경덕왕대 신라백지묵서 『대방광불화엄경』 잔본 2축(이상 필사의 대표적인 예) ③ 경덕왕 10년(751년) 무렵의 최초 목판본 『무구정광대다라니경』 ④ 고려 초조대장경(1011~1087년) ⑤ 대각국사 의천의 고려교장(1091~1101

년) ⑥ 고려 재조대장경(1236~1251년)(이상 목판본)으로 이어진다. 특히 막대한 양이던 불교 목판인쇄는 고려 재조대장경 조성으로 그 절정에 이른다.

이러한 목판인쇄 간행 사업과 축적된 관련 기술이 다시 새로운 요구와 함께 금속활자로 발전해감은 자연스러운 순서이다. 어쨌든 그 결과로서 고려 우왕 3년(1377년)에 청주 흥덕사에서 『백운화상초록불조직지심체요절(白雲和尙鈔錄佛祖直指心體要節)』(이하 『직지』)이 간행되고, 그것이 현재 세계최초의 금속활자본으로 공인되어 있음은 주지하는 바이다.

물론 이 금속활자본은 '현존하는'이라는 단서를 전제로 한다. 다시 말하면 역사 기록에는 『직지』에 앞서 『고금상정예문(古今詳定禮文)』과 『남명천화상송증도가(南明泉和尙頌證道歌)』를 금속활자로 인쇄한 사실이 밝혀져 있다. 그만큼 『직지』가 아닌 또 다른 현존의 자료가 나타날 가능성도 없지 않다는 뜻이다. 그러나 기록에서만 보이는 그 실체의 현존 확인은, 여전히 꿈같은 기대로만 남겨져 왔을 뿐이다.

이 같은 현실에서 최근에 놀라운 사실의 반전이 일어나고 있다. 그동안 역사기록으로만 전해져온 『남명천화상송증도가』의 금속활자본이 확인되어 드디어 세상에 그 현존의 실체가 드러난 것이다. 한국과 세계의 금속활자 인쇄문화 역사를 다시 써야할 이 사안의 중심에서 주목받고 있는 사람은 멀리 있지 않다. 기원학사 동문법우 박상국(74년 졸업)이 바로 그 주인공이다.

그는 최근에 『세계최초의 금속활자본 – 남명증도가(南明證道歌)』(김영사, 2020.6)를 간행하여 세계최초 금속활자본의 발견을 공식 천명하였다. 이 책에서 소개된 저자의 프로필 가운데 주요 부분 몇 가지를

박상국 동문

소개해둔다. 이 쾌거는 무엇보다도 그가 전념해온 이 분야의 학문적 연구 노력과 쌓아온 이력이 더욱 신뢰를 뒷받침 해주기 때문이다.

박상국은 정통한 불교서지학자이자 고려대장경 연구의 권위자이다. 우리 문화재의 가치와 의미를 연구하고 대중에 알리는 작업에 오랜 시간 천착해왔다. 불교학으로 동국대학교에서 학사·석사학위, 일본 대정대학교에서 박사학위를 받았다. 문화재관리국 전문위원·문화관광부 심의위원(전통사찰)·국립문화재연구소 예능민속연구실장·프랑스 외규장각 도서 환수 자문위원회위원·문화재청 문화재위원회 위원·동국대학교 문화예술대학원 겸임교수 등을 역임하는 한편, 한국문화유산연구원 원장을 지냈다. 현재 국공립박물관 평가자문위원이자 한국전적문화재연구소 소장, 동국대학교 불교학부 석좌교수로 있다

1990년대 이래 전적조사연구회를 꾸려 일본·미국·영국·프랑스·중국 등을 50여 차례나 오가며 해외에 유출된 한국 고서를 조사했다. 특히 2011년 일본 궁내청 소장도서 1천2백5책을 돌려받을 당시 반환 실무 협상에서 한국측 대표 역할을 담당했는데, 그 공로로 문화재청 장표창과 국민훈장동백장을 받았다. 그 동안 「해인사 대장경판 재고찰」 외 다수 논문과 『세계최고의 인쇄물 무구정광대다라니경』 등의 책을 썼다.

이런 박상국 법우가 여러 종의 『남명천화상송증도가』 판본 가운데 1책을 뜻하지 않은 기회에 세계최초의 금속활자본으로 확인하게 된 것이다. 2014년 여름 한 스님의 고서 감정 의뢰가 그 계기였다. 이와 관련한 내용 이해의 편의를 위해 먼저 『남명천화상송증도가』의 내용과 서지 사항을 살펴본다.

『남명천화상송증도가』는 당나라 현각이 중국 선종의 6조인 혜능을 직접 배알한 후 크게 깨달은 내용을 서술한 『증도가』에, 송나라 남명선사 법천(法泉)이 계송(繼頌)을 붙여 내용을 알기 쉽게 밝힌 책이다. 줄여서 『남명증도가』 『남명집』 혹은 『증도가 남명 계송』이라고 불린다. 최근 개경 만월대 발굴 작업에서 발견된 금속활자가 『남명천화상송증도가』를 인쇄할 때 사용했다는 주장이 일면서 다시 한번 주목받게 되었다.(박상국, 위의 책 참조)

그 동안 우리나라에 현존하는 『남명천화상송증도가』는 모두 10여 종이 전해지는데, 그 중 다음의 4책이 금속활자본을 목판으로 번각한 동일본으로 알려져 왔다. 즉 ① 삼성출판박물관에 소장 중인 삼성본(보물 제758-1호) ② 공인박물관에 소장 중인 공인본(보물 제758-2호) ③ 대구 스님 소장본(문화재 신청중) ④ 개인소장본이 그것이다.

그런데 2014년 여름, 박상국은 문화재청장을 역임한 인사로부터 전화로 고서 감정 부탁과 함께 의뢰인을 소개 받는다. 며칠 후 의뢰인 일행과 책 소유자 원진 스님이 방문했는데, 그때 가지고 온 고서가 바로 위에서 말한 ② 공인박물관에 소장 중인 공인본(보물 제758-2호)이었다. 스님은 이 책이 목판본으로 잘못 감정되었다면서, 금속활자본임을 밝혀줄 것을 부탁하였다.

이 책은 그가 처음 보는 책이었다. 이미 2012년 문화재위원회에서 삼성본과 동일한 목판 번각본(飜刻本)으로 판정해 삼성본(보물 제758-1호)에 이어 보물 제758-2호로 지정한 사실을 새삼 알게 되었다.

따라서, 그는 이 책이 왜 목판본이 아닌가에 대해서 납득시키고 앞으로 다시는 미련을 갖지 않도록 할 생각으로 판본을 면밀하게 검토하기 시작했다. 그때는 스님이 소유자로서의 집착 때문에 이 책을 금속활자본으로 잘못 알고 있을 것으로 생각했다. 그런데 책을 들여다 볼수록 점점 이 책이 금속활자본이라는 확신이 들기 시작했다. 놀라운 반전이었다. 그러나 이는 문화재위원들의 기왕의 판단을 뒤집는 문제여서 오랫동안 힘든 시간을 보내야 했다. 그만큼 확실한 증거를 찾지 못하면 포기하겠다는 생각으로 처음부터 판본을 한 장씩 다시 검토했다.

그는 많은 고뇌에 찬 검증 과정을 거치며 『남명천화상송증도가』의 정체성을 밝혀내는 일을 자신의 숙명으로 여기고, 이 일에 대한 가치와 자부심으로 새삼스러운 각오로 연구에 매진하였다. 그 결과 마침내 이 책이 최초의 금속활자본이라는 확고한 판단을 거듭 확인하게 된다. 이에 이르는 과정에 대해서 핵심만을 소개하면 다음과 같다. 즉 ① 삼성본과 공인본의 권말에 다 같이 수록된 '최이(崔怡)의 발문'은 '금속활자 간행 위한 지문(識文)'이다 ② 삼성본은 목판 번각본이며, 공인본은 금속활자본이다 ③ 공인본의 경우 복각판에서는 볼 수 없으며 금속활자본에 보이는 많은 특징들이 그대로 나타나 있다는 등이다.

이들 가운데 가장 핵심적인 판단 근거로서, 기해년(고려 고종 26년, 1239년) 9월 상순 중서령 최이의 지문에 대해 좀 더 부연설명이 필요할 것 같다. 먼저 지문의 내용부터 보자.

『남명증도가』는 실로 선문의 중추이다. 후학으로 참선하는 사람들이 이로 말미암아 당에 올라 오묘한 경지를 맛보지 않은 사람이 없다. 그런데 이러한 책이 널리 유통되지 못해서야 되겠는가, 이에 공인(工人)을 모아 주자(鑄字)로 다시 간행하여 오래도록 전하고자 한다. 때는 기해년 9월 상순 중서령 진양공 최이는 삼가 기록한다.(夫南明證道歌者

實禪門之樞要也 故後學參禪之流 莫不由斯而入 升堂覩奧矣 然則其可閉塞 而 不傳通乎 於是募工 重彫鑄字本 以壽其傳焉 時己亥九月上旬 中書令晉陽公崔 怡 謹識)

길지 않은 이 지문에서 핵심은 '이에 공인을 모아 주자로 다시 간행하여' 부분이다. 삼성본과 공인본에 함께 수록되어 있는 이 말은 그 동안 '공인을 모집하여 주자본을 바탕으로 다시 판각한다'라고 해석해 왔다.

이에 반해 박상국은 이 말에 대한 다양한 견해와 내용을 연구 검토한 끝에, '공인을 모집하여 주자본(금속활자)으로 다시 주조한다'라고 해석해야 맞다는 입장이다. 이 구절은 그 동안 90년 가까이 '주자본을 목판본으로 다시 새겨...'라고 추호의 의심 없이 해석해 왔다. 그리고 이 같은 관습적 오독(誤讀)에 의지하여 공인본을 목판본으로 보고 삼성본(1984년 보물 제758-1호 지정)에 이어, 2012년에 보물 758-2호로 지정되어 있는 것이다.

그러나 그는 공인본이 삼성본과는 달리 초창기 금속활자본에서 볼 수 있는 특징들이 여러 가지로 나타나 있으며, 그 인쇄 시기 또한 삼성본보다 앞서 이루어진 것으로 판단한다. 그리고 그 금속활자본의 특징들을 세밀하게 검토해 보이고 있다.

즉 ① 너덜이(주조 과정에서 생긴 쇠부스러기 형태) ② 자획의 탈락 ③ 보사(補寫) ④ 활자의 움직임 흔적 ⑤ 뒤집힌 글자 ⑥ 활자의 높낮이에 의한 농담의 차이 등이다. 이 같은 검토 사항들은 목판 번각본에서는 찾아볼 수 없는 현상들이다. 따라서 최이가 쓴 지문 구절의 새로운 해석과 더불어 이 문제를 고려할 때, 공인본은 미숙하기는 하지만 애초부터 금속활자로 인쇄했다는 사실을 충분히 유추할 수 있었다.

그는 이 같은 사실 판단의 보완을 위해 더욱 연구에 집중하였다. 『남명천화상송증도가』와 관련한 직접적인 문제들은 물론, 목판본과 금속활자본의 역사와 이에 대한 국제적인 관심과 연구 경향 등을 광범하고 꼼꼼하게 섭렵한 것이다. 그리하여 『남명천화상송증도가-세계 최초 금속활자본의 탄생』(김영사, 2020.1)과, 개정판 『세계최초의 금속활자본 남명증도가(南明證道歌)』(김영사, 2020.6)를 연이어 펴내었다. 이로써 '공인본'은 1239년에 금속활자를 발명하고 최초로 간행한 불서임을 세상에 천명하게 된 것이다.

그리하여 앞서 예거해 보인 바, 현존하는 『남명천화상송증도가』 10여 종 중 목판 번각한 동일본으로 알려진 4책 가운데 '공인박물관에 소장 중인 공인본'이 비로소 최초의 금속활자본으로 밝혀진 것이고, 나머지 3책은 금속활자본을 번각한 각기 다른 판본이 되는 것이다.

이대로라면, 『남명천화상송증도가』(1239년)는 현재까지 세계최고(最古)의 금속활자본으로 인정받는 『불조직지심체요절』(1377년)보다 무려 138년 앞서 간행한 것이 된다. 세계의 고인쇄사를 다시 써야 할, 이 같은 놀라운 연구 결과가 학계와 관련 기관 등의 공인 과정을 통해 세상의 정론(正論)으로 자리잡기까지는 안타까운 일이지만 일정한 시간의 숙성과정이 필요할지도 모른다. 그러나 이같은 현실에서 최근 박상국 법우의 연구결과를 확고하게 뒷받침해주는 새로운 방식의 연구결과가 발표되어, 국내와 함께 특히 국제적으로 크게 주목받고 있음은 매우 고무적이다.

새 연구의 주인공은 경북대 인문학술원 객원연구원인 유우식 박사이다. 원래 미국 소재의 반도체 생산 및 측정장비 개발회사인 '웨이퍼

마스터스' 대표로서 이미지 분석 소프트웨어인 픽맨(Pic Man)을 자체 개발하였다. 그는 이 픽맨을 사용하여 『남명증도가』(공인본)가 목판본이 아닌 세계에서 가장 오래된 금속활자본 인쇄임을 밝혀낸 것이다. 이와 관련하여 유 박사는 2022년 5월과 7월에 두 편의 연구 논문을 발표하였다. 세계문화유산과 자연유산의 보존과 복구를 연구하는 세계적인 학술지 중 하나로 스위스에 본부를 두고 있는 'Heritage(Scopus 등재지)'에 실린 이들 논문은, 출판일로부터 3주 만에 해리티지 논문 최다 접속 기록을 세울 만큼 세계적으로 큰 관심과 주목을 받았다.

서지학계의 전통적 감정 방법이 아닌, 이공계 분야의 최첨단 이미지 분석 기법을 동원한 유 박사의 이 같은 연구가 국내에서 긍정적으로 수용되는 분위기는 아닌 것 같다. 그러나 유우식 박사는 자신의 연구 논지를 더욱 보강하는 세 번째 논문을 준비 중이라 한다. 이 분야의 이 같은 새로운 연구 경향과 그 성과를 지켜보면서 우리는 더욱 큰 관심과 희망을 갖는다. 박상국 법우가 혼신을 다해 밝혀낸 세계 최초 금속활자본의 진실이 온 세상의 정론(正論)으로 자리 잡힐 날이 멀지 않았음을 느낄 수 있기 때문이다.(영남일보, 2022.08.19. 제1면 기사 참조) 게다가 2022년 9월 학기부터 동국대 공과대학의 '인공지능' 과목에서 다루기로 하여 진행 중이다.

6. 아프리카에 꽃피운 불심 ― 김성환

2000년 1월 1일, MBC의 한 뉴스 방송은 긍정적이고 희망찬 해외 동포들의 활동을 소개하며 새해 첫날을 열고 있었다. 그날의 주인공은 아프리카 우간다에서 성공적으로 기업을 경영하며 현지 명예영사

우간다에서 어린이 심장병 환자 치료를 돌보아 생명을 건져준 김성환 동문의 회사를 방문한 환자 가족

로서 외교관 활동까지 겸하고 있는 한 교포였다. 그런데 '우간다의 희
망'이라는 타이틀 아래 소개되고 있는 이 인사는 뜻밖에도 기원학사
동문법우 김성환(75년 졸업) 환성기업 회장이었다.

　김성환 동문은 불교학과에 입학한 후 불교정신과 철학을 배우고
신행을 함께 닦을 수 있음을 매우 만족스럽게 여겼다. 그러나 점차 학
년이 올라가면서 불교 공부 그 자체는 좋지만 자신이 꿈꾸는 장래 진
로와는 현실적으로 부합되지 않을 수 있다는 판단을 했다고 한다. 그
래서 학부를 마친 후 경영대학원 무역학과에 진학하였다. 그는 불교
적인 신념과 확신은 분명했으므로, 졸업 후 사업을 하면서도 항상 불
심으로 정재(淨財)가 어느 정도 모아지면 좋은 일을 하면서 살겠다는
생각을 다져나갔다.

　경영대학원 졸업과 함께 그는 국내 무역회사에 취직하여 3년 동안
근무한 후 스스로 오퍼상을 차리고 활동하였다. 그러던 어느 날 큰 결

단을 내린다. '남이 가지 않는 길을 간다'는 역발상으로 아프리카에 들어가 새롭게 활동할 것을 결심한 것이다. 이렇게 해서 1981년 10월 그가 첫 발을 내디딘 곳이 동아프리카의 중심국가인 케냐였다.

아는 사람 하나 없는 지역에서 그는 시장조사부터 착수하였고, 점차 현지 상인들과도 안면을 넓혀갔다. 그런 가운데 우연한 기회에 역시 비즈니스를 하는 그 나라 대통령의 딸과도 파트너 관계를 맺게 된다. 이로부터 사업에도 도움이 컸는데, 그 중에서도 특히 군의 PX에 들어가는 막대한 물품 조달이 그러하였다. 이로부터 다양한 물품들을 한국에서 조달해 왔다. 또 이를 계기로 케냐의 대통령과도 직접 친분이 이어졌고 미리 양해된 시간에는 언제든지 직접 연결이 될 만큼 서로 막역한 관계가 되었다. 이런 배경들이 또한 서로 필요한 부분들을 주고받는 등 사업에 도움이 컸다.

이처럼 케냐에서 7~8년 정도 사업을 성공적으로 진행하고 있을 무렵 케냐 남쪽에 있는 우간다에서 제안이 들어왔다. 당시 우간다에는 군사쿠데타가 일어나 새 정권이 들어서 있었다. 이 새 정권에서 '우간다에 와서 인더스트리를 해 달라'는 요구였다. 이렇게 해서 그는 활동 영역을 케냐에서 우간다로 확장하였다.

우간다에서 새로운 사업을 모색하던 그에게 떠오른 사업 아이템은 생선가공 수출업이었다. 우간다에는 한국의 면적 절반이 넘는 빅토리아호수가 있다. 이 호수에 사는 나일퍼치(민물농어과)는 최대 2미터까지 자라는 어종이다. 현지인들은 육질이 질기다며 고기를 잡아도 내다 버렸다. 그는 육질이 단단한 나일퍼치로 유럽에서 즐겨 먹는 '피시엔드칩스'(생선감자튀김) 재료로 수출하면 잘 되겠다는 아이디어를 냈고, 사업은 적중하여 대성공이었다. 한창 잘 될 때는 직원만 800명이 넘었다. 또 우간다 수도 캄팔라에는 동아프리카 최대 규모의 냉동공장을 짓고 운영하였다.

그의 새로운 사업이 크게 번창하던 1997년 무렵, 우간다는 대한민국과 수교 이전이어서 대사관이 없었다. 이에 외무부에서는 수도 캄팔라에 명예영사관을 설치하고 그를 명예영사로 임명하였다. 따라서 그는 이때부터 비즈니스와 함께 외교관 역할까지 맡아 하게 되었다. 바쁘고 힘든 이중업무였다. 그러나 명예영사 일이 한국과 우간다 양국에 서로 도움이 된다는 입장에서 그는 기쁘게 역할을 감당했다.

그러나 문제는 사업 쪽이었다. 그 동안 네델란드를 중심으로 유럽에 활발하게 수출하는 등 사업이 너무 잘된 것이 오히려 탈이었다. 나일퍼치 가공업이 돈이 되는 사업이란 소문이 퍼지자 너도나도 달려들었고, 그야말로 아수라장 같은 시장이 되었다. '물반 고기반'이던 빅토리아호수에 나일퍼치의 씨가 말라 갔다. 그는 다시 다른 사업을 찾아보지 않을 수 없었다.

이런 그에게 또 다른 획기적인 계기가 다가왔다. 신문에 난 환성기업의 광고를 보고, HSBC은행 싱가폴지점에서 퇴사하고 일자리를 찾던 장재일(지금 환성기업 케냐 사장으로 김회장을 보좌하고 있음)이라는 사람이 이력서를 냈고, 김회장은 한국으로 날아가 그를 만났다. 1주일 뒤 아프리카로 날아온 그 사람이 제안한 시스템가구업을 새로운 사업 아이템으로 결정하게 된다. 문제는 케냐, 우간다 같은 동아프리카는 정글이 우거진 서아프리카와는 달라 목재를 구하기 어렵다는 점이었다. 그러나 그는 나무가 귀한 곳에서 오히려 가구 사업을 시작해야 한다고 확신하였다. 원료를 구하기 어려운 것이 자연스러운 진입 방법이 될 수 있으며, 시장을 선점하는 것이 중요했다. 원료는 한국과 중국에서 합판을 수입해 쓰면 될 일이었고 인력도 풍부했다.

때마침 동아프리카에는 견실한 경제 성장세에 중산층이 두터워지고 아파트 건설 붐이 일고 있었다. 대규모 아파트 단지가 생겨나면서 시스템가구 수요도 폭발했다. 시스템가구란 아파트에 들어가는 거실과 주방에 시설하는 맞춤가구다. 건설회사의 주문에 맞추어 생산하여 공급하면 된다. 이리하여 환성기업은 동아프리카 지역에서 시스템가구시장 1위의 업체가 되었다. 이제 케냐, 우간다 중상류층에서는 '가구하면 환성'으로 통한다.

이렇게 2002년에 우간다에서 가구업을 시작하여 2004년에 케냐로 사업을 넓힌 지 10년 만에 환성기업은 동아프리카 가구시장의 50% 가량을 점유한 선두업체가 되었다. 연간 매출은 케냐에서 700만 달러, 우간다에서 2천8백만 달러 등 총 3천5백만 달러이다. 우간다에서는 가구 조립뿐만 아니라 알미늄과 PVC, 목공공장 등 종합 생산단지를 갖추고 있어, 환성기업은 우간다 최대의 외국기업으로 꼽혔다. 또 남수단 주바에도 건축 내외장재 가공 설비와 물류센타를 두고 있다.

그러나 성공은 언제나 도전 받게 마련이었다. 시스템가구업이 호황을 보이자 역시 경쟁업체들이 다시 곳곳에서 생겨났다. 2000년대 초 가구업을 시작할 때만해도 4~5곳에 불과하던 경쟁업체가 불과 10년 사이에 30여 곳이 넘었다. 환성은 업계 선두를 지키면서도 새로운 사업을 생각하지 않을 수 없었고, 새 도전의 방향은 인테리어사업이었다. 앞으로 시장의 관건은 경쟁력 있는 디자인에 있다고 본 것이다.

그는 한국에 디자인센터를 세워 최신 트렌드를 공부했다. 그 노하우로 삼성전자와 LG전자의 나이로비 매장 진열대와, 은행·병원사무실 등의 인테리어 사업을 잇달아 수주하였다. 또 국제공항 데스크 제조 시장에도 우수한 디자인과 기술로 경쟁력을 확보하였고 2015년 초에는 케냐 파나리호텔의 가구 입찰에서 승리했다. 국제공항 근처인데다가 나이로비의 첫 5성급 호텔이라는 위상 때문에 더욱 주목받고 있는 이 호텔의 내부 인테리어를 환성기업이 맡은 것이다.

그는 아프리카 진출 이후 치안 관련 문제 등으로 어려움을 겪기도 했지만 소신껏 일하며 성공을 거두어 왔다. 그러나 그의 관심은 기업의 이윤이나 개인의 성공 추구에만 있지 않았다. 돈을 벌어 좋은 일을 하면서 살고자 했던 본래의 다짐대로 이곳 현지에서 사회적 책임을 다하고 있다.

별도의 계열사로 환성의료자선원을 설립해 운영하고 있는 것이 그 대표적인 예이다. 이 의료자선원은 그가 2007년 100만 유로를 출연하여 설립했으며, 환성기업에서도 매월 1만 달러를 기부하고 있다. 이로써 낙후된 의료시설과 미비한 제도 하에 방치되어 있는 케냐와 우간다 지역 심장병 어린이들을 치료해 왔다. 초기에는 1년에 몇 명씩 어린이들을 한국의 삼성의료원에 데려와 치료하였다. 후에는 우간다의 의사와 간호사 각 1명씩을 삼성의료원에 의뢰하여 3개월씩 트레이닝을 시켜 그들이 귀국하여 자력으로 해결할 수 있도록 도왔다. 이렇게 해서 그 동안 심장병 등 어린이 250여명이 치료를 받았다.

그는 한 걸음 더 나아가, 아예 병원 건립을 위해 캄팔라에 부지를 구입하고 일을 추진하기도 하였다. 이곳의 열악한 생활 환경과 치안 문제로 인해 이곳에 와서 근무할 의사를 찾는 어려움이 예상되지만, 일단 병원을 세우고자 한 것이다. 그러나 도중에 그는 큰 난관을 만나게 된다. 뜻밖에도 자신에게 돌발성 난청과 이명이 발생하여 7~8개월을 치료를 받게 된 것이다. 이 때문에 병원 건립은 진척을 보지 못한 채 중단되고 말았다.

그는 아프리카에서 사업을 시작하면서, 나이 60이 되면 한국에 들어와 불교 신행 생활을 하면서 살기로 마음먹고 있었다. 따라서 여전히 건재한 아프리카의 환성기업은 케냐·우간다·남수단에 각각의 사장을 두고 사업을 이끌고 있다. 그는 1년에 여름과 겨울 두 차례 본사가 있는 우간다로 가서 기업의 업무 전반을 챙기는 한편, 매년 여름에는 환성의료자선원의 어린이 치료 사업을 중점적으로 살피고 있다.

오랜 아프리카 생활을 접고 2020년 3월에 고국에 돌아와 정착한 그는 매일 아침 5시에 기상하여 1시간씩 예불과 기도 정근을 한다. 아프리카에서도 그는 1년에 100일씩 날짜를 정해서 기도 정근하였다. 그에게 결제(結制)와도 같은 이 기간 중에는 누구에게 뒤지지 않는 애주가인 그도 금주는 물론 신구의(身口意) 삼업을 항상 청정하게 유지했다고 한다. 불교학과와 기원학사에서 배우고 익힌 불심을 멀리 아프리카에서 아름답게 꽃피워 낸 김성환 법우가 이제는 다시 고국에서 더욱 향기로운 회향의 길을 걷고 있다.

탐문을 마치며

전통의 새로운 구현을 꿈꾸다

　일찍이 장충동 박문사에서부터 시작한 기숙사로서 동국대학교 불교학과 기원학사의 세월이 70여년을 헤아릴 정도이면 그 역사와 전통은 흔히 볼 수 있는 일이 아니다. 그 시간의 깊이 속에는 복잡다단한 근현대사의 그림자와 많은 사건과 사실들이 새겨져 있고, 동국대학교의 성장과 함께 젊은 불교학도들의 청청한 의지와 꿈들이 배어 있다. 그러나 그 시대를 거쳐 온 주인공들의 애환이 깃든 그 수많은 이야기를 우리는 스스로도 다 알지 못한다. 기원학사가 품어왔을 중요한 사실과 기억들을 어느 누구도, 또 어떤 형태로도 정리하고 기록해 두지 않은 채 그냥 흘려보내고 말아도, 과연 우리는 마음이 편할 것인가.

　기원학사에 관한 기록 부재의 안타까운 현실에 즈음하여, 늦었지만 지금이라도 그 역사와 현장을 탐문해가면서 공동체로서의 전통과 문화를 추스르고 시대별 사생들의 생활상을 재구성해 보겠다고 감히 나선 이유가 이러한 반성의 지점에 있다. 아울러 단순히 과거회고적인 취향의 자기만족에 머물지 않고 현재의 기원학사 실상을 직시하면서 불심정진과 동국사랑의 그 정신만은 잊지 않고 지난날의 전통을 새로운 모습으로 변용시켜나갈 수 있는 계기를 만들어 보았으면 좋겠다.

처음부터 이 일이 무리인 줄 알았지만, 그러나 전통이 있으면 근거를 세워 더욱 빛나게 하고, 만일 역사가 희미하면 상상력으로라도 채워 넣을 수 있을 것으로 생각했다. '햇빛에 바래면 역사가 되고 달빛에 물들면 신화가 된다'는 사필(史筆)의 멋스런 경구(警句)를 떠올리면서 곧장 도취되어 기원학사의 역사를 깁는 일에 용감하게 나선 것도 이 때문이다.

먼저, 각 시대의 특성 파악과 그에 해당하는 몇 가지 주제를 정하고, 그 범위 안에서 역사 전개와 그 동향 등 필요한 부분을 채워 넣는 것으로 작업 방향을 설정하였다. 그러나 그 일이 어디 뜻과 같이 쉬운 일이던가. 그나마 찾을 수 있는 참고 자료도 부실했지만, 그보다 막연하게 추정되거나 떠도는 풍설 같은 사실을 확인할 길이 보이지 않아 어떻게 해야할 지 한참을 헤매기도 했다. 꼭 필요한 사항을 확인하기 위해서 그 당시 상황을 기억하고 말해줄 사람을 찾아야 함에도 실마리가 풀리지 않을 때 그 막막함은 그야말로 진퇴양난이었다.

정리 작업이 이와 같았던 만큼 상당 부분에서 이해 부족과 오류 또한 적지 않을 것으로 생각한다. 따라서 이 가운데 스스로 확신하기 어려운 부분으로는 특히 다음 몇 가지를 분명하게 말해두고 싶다.

첫째, 박문사에서의 최초 기숙사 설치와, 각심사로의 이전 과정이 명료하지가 못하다. 확인이 가능한 자료와 당시의 상황을 감안하더라도 기숙사에 대한 불교총무원과 학교와의 역학 관계, 기숙사의 불교과 학생 전용 여부, 여러 교사(校史)에서의 박문사 기숙사에 대한 언급 누락 이유 등이 그러하다.

둘째, 6·25전쟁 후 학교본부가 피난지에서 돌아와 임시로 머물던 초동의 서본원사와 학교와의 관계도 불분명하다. 이는 불교총무원 또는 학교의 적산사찰에 대한 불하 여부의 문제로서, 그 뒤 기원학사의 유지 방식과도 관련하여 보다 확실한 정황의 이해가 필요하다.

셋째, 1964년에 교사(校舍) 또는 건물의 신축을 위해 서본원사 철거를 진행했다는 기록이 의미하는 바는 무엇인지, 총무원과 학교재단에 책임있는 인사의 구술 기록을 통해서도 그 실제적 내용을 파악하기에는 불명확하다.

넷째, 초동 기원학사의 안암동 이전 당시 학교 측과 토지를 제공한 개운사 측과의 계약 내용, 1998년 안암동에서 고양시 원당으로 기원학사를 이전시킬 때 학교 측의 기원학사에 대한 인식과 향후 육성 계획은 어떤 것이었던가 하는 점이다.

이상의 문제들은 대체로 학교재단과 대학당국의 학교 경영과 관련한 부분이기도 하여 자세히 그 전모를 파악하고 정리 기술하기에는 어려운 점이 있었다. 그러다 보니 대강의 해석으로 넘긴 부분도 있고, 그런 관점에서 작업한 과정과 방식에 잘못된 이해나 오류가 포함되지 않았을까 염려하는 것이다.

이는 처음부터 이 작업을 '탐문의 기록' 정도로 무겁지 않게 생각하고 나선 판단 착오의 책임이기도 하다. 원인이 무엇이든 이해 부족이나 오류가 있다면 필자의 탐구와 검증 노력의 부족, 그리고 능력의 한계이다. 따라서 이 부분 문제들에 관해서는 확인되는 대로 오류 수정과 보완의 기회를 약속하는 한편, 너그러운 아량으로 질정(叱正)을 보태주시면 더욱 충실한 증보(增補)의 자료로 삼을 것을 다짐한다.

기원학사의 역사를 구성하고 기술하는 입장에서 어쩔 수 없이 이런저런 무거운 마음의 부담을 벗어버릴 수 없다. 특히 숱한 선후배 동문법우들의 활동과 역할 등을 좀 더 폭넓게 반영하지 못한 부분이다. 극히 제한된 범위의 동문법우들에 대한 선별적 소개 및 조명이 또 다른 측면에서는 상대적인 소외 문제가 될 수도 있다는 생각에 더욱 그러하다.

그러나 동문법우들의 소중한 가치 추구와 업적, 또는 보람 있는 삶의 모습을 짐작하고 있음에도 이들 모두를 공유하기는 벅찬 일이었다. 이 부분에 관해서는 집필 분량의 배분 및 편집상의 고려에 따른 부득이한 사정 때문이기도 했다. 또 세간의 익숙한 자료와 법우회의 인터넷 소식란을 통해 수집한 자료에 의지한 바가 대부분인 만큼, 좀 더 다양하고 깊게 탐문하지 못한 불찰과 아쉬움을 밝힌다.

드디어 끝맺음의 단계에 이르러 여유롭게 부려보는 호사이지만, 이와 더불어 많은 분들에게 각별한 감사의 인사를 빼놓을 수 없다. 앞에서도 언급했지만 이 작업의 과정에서는 막막한 심정이 될 때가 많았다. 그 동안 코로나19의 창궐로 꼼짝없이 집에만 들어앉아 계속 집중하는 일은 가능했다. 그러나 작업의 진척이 없어 때로는 의기소침하고 가슴 답답함도 자주 겪어야 했다.

그럴 즈음이면 손을 내밀어 주던 많은 선후배 동문법우들의 따뜻한 마음들이 내겐 큰 격려와 위로가 되었다. 필요한 사항을 말하면 몇 번이라도 넉넉하게 대답하고 본인이 직접 나서서 확인해 주던 권오현(66년 졸업) 선배, 앞장서 관련 정보를 찾아 알려주고, 일부러 학교 도서관까지 올라가 복사해 온 자료를 건네며 조언을 아끼지 않던 이철교(69년 졸업) 선배를 비롯하여 여러 선후배들은 물론이거니와, 근대불교 관련 사실을 확인하는데 도움을 준 김광식(동국대 특임교수) 박사 등 지인들의 허심탄회한 도움과 성원은 따뜻하고 유익했다.

특히 나동영(63년 졸업) 권기종(64년 졸업) 박광도(65년 졸업) 서윤길(68년 졸업) 이재형(68년 졸업) 권정덕(71년 졸업) 최성렬(72년 졸업) 박종철(73년 졸업) 소공영(73년 졸업) 김형균(74년 졸업) 김용표(78년 졸업) 전명철(78년 졸업) 권기현(86년 졸업) 등 여러 선후배 동문법우들이 제공한 각자의 기원학사 시절의 생생한 기억들과 경험담은 이 탐문기에 생기를 더해 주었다. 감히 기원학사의 모든 법우들의 마음까지 함께 모아 감사드린다.

　비록 부실하나마, 이 작업의 의미는 지난 날들의 단순한 기억 복원과 자찬(自讚)만을 위함에 있지 않다. 선후배 동문법우들이 함께 지혜와 능력을 모아 전통의 새로운 구현이 이뤄지는 계기가 되었으면 좋겠다. 간절한 각성의 이 소박한 파종(播種)이 꽃으로 피어나는 그날을 꿈꾸어 본다.

기원학사 연보(年譜)

1906년 5월 8일	불교계 선각자들의 결의로 명진학교 개교. 이후 1946년 혜화전문학교에 이르기까지, 각 시기마다 학교시설로 '기숙료(寄宿寮)' 설치 운영.
1946년 5월	불교과 학생 중심으로 '조선불교학생동맹' 결성하고, 박문 사(博文寺·현 신라호텔)를 접수, 조선불교학생동맹 본부 겸 기숙사로 개소함. '기원학사(祇園學舍)' 명칭을 공식 사용.
1946년 9월	당시 서사헌정(西四軒町·현 장충동 2가) 소재의 일본 황벽종(黃 檗宗) 조선별원으로 세운 영광산(靈光山) 각심사(覺心寺)로 기원학사 이전. 박문사·각심사 시기에는 사생들 전원이 주로 지방에서 올라온 승려학생들임.
1946년 9월 20일	혜화전문학교에서 동국대학으로 승격 개편.
1947년 9월	동국대학 본부와 교사를 명륜동에서 서울 필동교사(현 서울캠퍼스)로 이전.
1950년 6월 25일	6·25전쟁 발발로 각심사에 있던 기원학사 폐쇄.
1950년 12월 20일	대학본부가 대구 남산동 동화사 별관으로 피난. 이듬해 부산 영도 해동중학교에서 부산전시연합대학에 참여하다가, 다시 신창동 경남교무원에 동국대 단독 임시교사 개교.

1953년 9월	대학의 서울 필동교사로의 복귀와 아울러, 기원학사는 전쟁 중 소진된 각심사 대신, 일본 정토진종 서본원사(西本 願寺) 경성별원 건물(중구 초동 107번지)에 개원. 초기에는 불교대학 분교와 공존하였으며, 이 시기부터 사생의 구성은 점차 일반학생이 증가함.
1959년 4월 5일	선진규 법우(당시 총학생회장) 주도와 백성욱 총장의 지원으로 기원학사 전 사생이 새불교실천운동에 참여, 경남 김해 봉화산에 '호미 든 관세음보살상'을 조성 봉안. 이후 지속적으로 방학을 이용하여 그곳의 황무지를 개척하는 등 농촌개발에 진력함.
1960년 5월	기원학사 주최 불탄일 기념축제와 불교대강연회를 시공관(市公館·전 명동 국립극장)에서 개최. 이후 1963년까지 매년 실시하여 성황을 이룸.
1964년	초동 기원학사(서본원사) 건물 정비작업 중 지하에 봉안 중인 4천여구의 일본군 유해 발견. 일단 화계사 지장전에 옮겼다가 1965년 한일국교 정상화 이후 일본측에 인도.
1965년	사생장 박광도 주도로 사가(舍歌)·사훈(舍訓)·실천강령을 제정하여 사용.(현재 내용 미상)
1965년	기원학사 철수 요구 주민민원 발생과 더불어 기원학사인 서본원사 부지 매각 추진설에 따라, 사생들이 대외적인 저지 실력행사로 중부세무서·경제기획원을 항의 방문. 활동 결과, 매각 계획 일단 중단.
1966년 4월 10일	동국학원과 학교당국에 의해 기원학사 안암동(개운사 경내 부지) 이전계획 수립. 이듬해 12월 안암동 새 기원학사 기공.

1967년 5월 3일	기원학사법우회 창립. 서윤길 사생장의 발의와 준비로 기원학사 동문 전원을 회원으로 법우회 창립총회를 개최, 이외윤(당시 경기대 학장) 법우를 초대회장으로 선임.
1968년 2월	불교종립학원연합회 주최 교법사 제1회 선발시험 실시로 6명 선발. 그 중 기원학사 출신으로는 권기종·강복영·서윤길 법우 등 3명. 선발된 6인은 3월 1일자로 종단산하 중등학교에 발령.
1968년 5월 10일	기원학사 주최 제1회 불교학연구발표회 개최. 고익진·송용기·고순호 발표.
1968년 11월 30일	군승제도의 실현에 따라 제1기 군승후보 5명 선발, 그 중 기원학사 출신으로는 권기종·권오현·장만수 법우. 이들은 육군보병학교 입교하여 소정의 훈련을 수료하고 군승 임관. (이후 군법사로 호칭 변경)
1969년 6월 30일	안암동 기원학사 신축 건물(성북구 안암동 5가 10번지)로 이전.
1969년 9월	기원학사 사생 자격을 불교대학 전 학과로 확대. 인도철학과생 단 1명의 지원과 중도 탈락. 이후 이 허용 조건은 유명무실화됨.
1975년 3월 29일	기원학사법우회 제8회 정기총회 개최. 재학생 후원 장학기금 모금과 회지 「기원(祇園)」 발간 결의.(이후 3호까지 발간)
1976년 3월	기원학사 입사자격을 전체 재학생으로 개방하는 학교방침에 반대 활동(전명철 사생장 주도) 결과, 일단 개방하되 성적우수자에 한해 1학년 재학생만 입사 허용.
1991년 3월 22일	기원학사법우회 회칙 제정, 공식적인 활동 개시.

1996년 3월 22일	기원학사법우회 회칙 1차 개정.
1998년 11월	학교당국의 기숙사 운영방침의 변경에 따라 기원학사가 안암동에서 경기도 고양시 원당 동국대 실습농장 부속건물로 이전함.
2001년	기원학사법우회 김남식 회장 선임(~2008년).
2006년 2월	기원학사 필동 동국대 충무로영상센타 내 〈충무학사〉로 이전. 이후 2021년 현재까지 장충동 〈모자원〉, 묵정동 〈반야관〉, 필동 〈남산학사〉 등지로 반복 이전. 기원학사 사생은 10명대 전후로 감소함.
2008년 2월	기원학사 여학생사생 선발 허용.
2008년 11월 21일	기원학사법우회 정기총회. 기존 1974년 졸업생까지의 회원을 1980년도 졸업생까지 확대안 발의.
2009년 11월 20일	기원학사법우회 김경성 회장 선임(~2013년). 기원학사법우회 회칙 2차 개정.
2011년 5월 23일	기원학사법우회의 원활한 유대와 소통을 위해 사이버 공간 daum에 카페 개설, 다시 11월 1일에 사이트까지 개설.
2014년 11월 20일	기원학사법우회 권오현 회장 선임(~2015년).
2016년 12월 2일	기원학사법우회 이재형 회장 선임(~2019년).

2017년 12월 8일	기원학사법우회 회칙 3차 개정. '제3조 회원의 자격 : 불교학과를 졸업한 자로서 기원학사에서 수학했던(1995년) 자를 원칙으로 하되, 사외 졸업자 중 원하는 자에 대하여 명예회원으로 문호를 개방한다'로 개정.
2020년 11월 20일	기원학사법우회 박종철 회장 선임(~현재).
2021년 8월	기원학사법우회 회원 에세이집 「나의 인생과 불교」(가제) 발간 진행 중.

기원학사 역사탐문기

초판 1쇄 인쇄일 2022년 12월 9일
초판 1쇄 발행일 2022년 12월 12일

지은이 이봉춘
펴낸이 김형균
펴낸곳 동쪽나라
등 록 1988년 6월 20일 등록 제2-599호
주 소 서울시 강동구 고덕동 62길 55 3003호
전 화 02) 441-4384

값 14,000원
ISBN 978-89-8441-288-0 03220